Portekiz Mutfağı Serüveni

Portekiz'in Lezzet Dolu Dünyasına Bir Yolculuk

Sofia Pereira

INDEKS

Yemek her zaman Portekiz'in sosyal toplantı kültürünün merkezi bir parçası olmuştur ve bir yabancının bile aile gibi hissetmesini sağlayan sıcak bir atmosfer yaratmaktadır. Birçoğumuzun bu anlara ve ailemiz ve arkadaşlarımızın paylaştığı Portekiz yemeklerine dair güzel anıları vardır.

Portekiz yemeklerinin, kültürünün ve geleneklerinin günlük hayatımızda, her aile kutlamasında ve tatillerde önemli bir rol oynadığı Amerika'da yaşayan Portekizli göçmenlerden oluşan büyük ve sevgi dolu bir ailede büyüdüm. Yıllar geçtikçe kendi ailem ve arkadaşlarım için atalarımdan bana kalan klasik tarifler hazırlayarak bu gelenekleri yaşattım.

Tia Maria Blogunu oluşturmamda bana ilham veren bu yemeklerin anılarını saklıyorum. Kızım Lisa'nın yardımıyla ve teşvikiyle tariflerimizi paylaşarak sevgi dolu çalışmalarımıza başladık. Sitenin adı, "Maria Teyze'nin blogu" anlamına gelen "El blog de la Tia Maria", bana "Maria Teyze" diyen 30'dan fazla kuzenimin olmasından ilham aldı. Çoğu Portekizli ailenin kendi "Tia Maria" adı vardır ve bu da ismi kültürümüzde oldukça tanıdık ve akılda kalıcı kılmaktadır.

Dünyanın dört bir yanındaki ülkelerde iyi bir Portekizli yaşamı olan birçok insan, akrabalarının unuttuğu ya da kendilerine asla aktarmadığı kayıp tarifleri bulma konusunda yardım istemek için benimle iletişime geçti. Bu kayıp tariflerin çoğunu bulmak çok ödüllendirici bir deneyim oldu ve bu süreç benim için bu yemek kitabını yazmam konusunda gerçek bir ilham kaynağı oldu.

Blogumda basitçe yemek tarifleri paylaşmak olarak başlayan şey, artık zengin Portekiz yemek kültürünü koruma, ülke mutfağını tanıtma ve insanlara bu tarifleri nasıl pişireceklerini öğrenmeleri ve böylece bunları gelecek nesillere aktarmaları konusunda ilham verme taahhüdüne dönüştü.

Bu yemek kitabındaki tariflerin günlük ev aşçıları için hazırlanması kolaydır, basit malzemelerle yapılır ve çoğu ev aşçısının mutfağında bulunan temel ekipmanları gerektirir. Gelin, Lisa ve ben size 101 kolay Portekiz tarifini nasıl pişireceğinizi gösterelim, böylece Portekiz'in tadına bakabilir ve özel aile anıları yaratabilirsiniz.

1YEŞİL ÇİFTLİK ÇORBASI

Caldo Verde

İlk tarife, doğduğum yer olan Portekiz'in kuzey Minho bölgesinin yemyeşil topraklarından gelen, Portekiz mutfağının en sevilen ve popüler çorbası olan klasik rahatlatıcı çorba "Caldo Verde" ile başlayalım.

Çorba, patates püresi, soğan, lahana, zengin zeytinyağı gibi temel malzemelerle yapılıyor ve füme kırmızı biberle tatlandırılmış chorizo sosis ile zenginleştiriliyor. Çoğu Portekiz restoranının menüsünde yer alır ve düğünlerde ve özel etkinliklerde servis edilir. Annemin güçlü elleri bana lahanayı küçük şeritler halinde kesmeyi ve pişirmenin son 5 dakikasında çorbaya eklemeyi, böylece güzel yeşil rengini korumayı öğretti.

Porsiyon: 8-10

10 kırmızı patates veya nişastasız patates

6 su bardağı tavuk veya sebze suyu

6 bardak su

2 büyük soğan

2 diş sarımsak

1 büyük defne yaprağı

¼ bardak zeytinyağı veya tadı daha fazla

1 yemek kaşığı tuz

½ çay kaşığı biber

1 bütün orta boy chorizo (durulanır)

6 su bardağı yıkanmış lahana (çok ince şifonat)

hazırlık

Suyu, et suyunu, patatesi, soğanı, sarımsağı, zeytinyağını ve defne yaprağını büyük bir tencereye koyun. Patatesler tamamen pişene kadar yüksek ateşte 20 ila 30 dakika pişirin.

Ateşten alıp defne yaprağını çıkarın. Çorbayı krema kıvamına gelinceye kadar blender yardımıyla püre haline getirin.

Chorizoyu yıkayıp çatalla delin ve çorbaya ekleyin. Yaklaşık 10 dakika pişirin. Chorizo'yu çıkarın ve daha sonra garnitür olarak kullanmak üzere ¼ inçlik dilimler halinde kesin.

Lahanayı çorbaya ekleyin ve servis yapmadan önce 5 ila 8 dakika pişirin.

İstenirse beğeninize göre daha uzun süre pişirin.

Çorbayı servis etmeye hazır olduğunuzda, garnitür olarak her bir kaseye ayrılmış chorizo'dan 3 dilim koyun. Çorbaya bir miktar zeytinyağı ve damak tadınıza göre taze çekilmiş karabiber ekleyin.

Gözlem:

Dumanlı bir çorba istemiyorsanız, chorizo'yu ayrı bir tencerede kaynar suda pişirebilirsiniz.

Tarifim buzdolabında birkaç gün saklanacak büyük bir tencere çorba içindir.

Ertesi gün koyulaştığını fark ederseniz, daha ince bir et suyu elde etmek için biraz kaynar su ekleyin.

2KALE VE CHOURIÇO ÇORBASI

Chouriço gibi couve çorbası

Karalahana çorbası mutfağımızda çok popülerdir ancak sıklıkla Caldo Verde çorbasıyla karıştırılır. Bu tarif, patates püresi yerine iri patates ve doğranmış lahana kullanan bir Azor versiyonudur. Bu çorbada dilimlenmiş chorizo sosisi, iri patates, ezilmiş olgun domates ve doğranmış lahana bulunur.

Bu tarifin birçok varyasyonu var. Bazı aşçılar kırmızı fasulye, beyaz fasulye, nohut ve hatta makarna bile ekler. Daha koyu bir et suyu tercih ederseniz, sebzelerin çözünmesine ve daha koyu bir çorba oluşmasına olanak sağlamak için çorbayı en az bir saat pişirin. Hizmetler 6-8

3 patates (soyulmuş ve 1 inç küpler halinde kesilmiş)

4 su bardağı tavuk suyu

2 bardak su veya daha fazlası

3 ila 4 bardak lahana (doğranmış)

2 yemek kaşığı zeytinyağı

1 büyük soğan (doğranmış)

2 diş sarımsak (doğranmış)

1 defne yaprağı

1 kutu (32 ons) kırmızı barbunya fasulyesi

1 çay kaşığı tuz

½ çay kaşığı biber

Süslemek için zeytinyağı

1 16 oz. küp küp doğranmış domates

1 orta boy chorizo veya linguica sosisi (¼ inç kalınlığında dilimler halinde kesilmiş)

hazırlık

Büyük bir tencerede soğanları ve chorizo'yu zeytinyağında, soğan yarı saydam oluncaya kadar birkaç dakika kızartın.

Et suyunu, suyu, patatesi, sarımsağı, defne yaprağını ve lahanayı ekleyin. Yaklaşık 5 dakika pişirin.

Fasulyeleri, domatesleri ekleyip kaynatın.

Kapağı kapatın, ısıyı en aza indirin ve patatesler yumuşayana kadar 15 ila 20 dakika daha pişirmeye devam edin.

Üzerine bir miktar zeytinyağı gezdirerek servis yapın.

Gözlem:

Fasulyeyi isterseniz beyaz fasulye veya nohutla değiştirebilirsiniz.

İsterseniz stoku inceltmek için daha fazla kaynar su ekleyin.

Daha kalın bir et suyu tercih ederseniz daha uzun süre pişirin.

3BATTANİYE BOMBASI VE ISPANAK ÇORBASI

Balkabağı ve Ispanak Çorbası

Bu sağlıklı çorba, zengin ve lezzetli bir et suyu oluşturan balkabağı ve havuç püresinden oluşur. Ispanak yerine herhangi bir yapraklı yeşillik kullanabilirsiniz, ancak yeşillikleri istediğiniz tada göre daha uzun süre pişirin. Hizmetler 6-8

2 su bardağı balkabağı (doğranmış)

2 büyük havuç (doğranmış)

8 bardak su

1 büyük soğan

1 adet taze soğan (isteğe bağlı)

¼ bardak zeytinyağı

1 çay kaşığı tuz

¼ çay kaşığı biber

2 küp tavuk suyu

1 çay kaşığı tereyağı

1 adet taze soğan

2 su bardağı bebek ıspanak

Ispanak ve tereyağı hariç tüm malzemeleri orta boy bir tencerede suda sebzeler yumuşayana kadar pişirin.

Tavayı ocaktan alıp tereyağını ekleyin.

Sebzeleri pürüzsüz ve kremsi bir kıvama gelinceye kadar el blenderiyle püre haline getirin.

Çorbayı tekrar kaynama noktasına getirin ve yaklaşık 5 dakika pişirin.

Ispanakları yıkayıp çorbaya ekleyin.

Ispanağı damak tadınıza göre sadece 5 dakika veya daha uzun süre pişirin.

İstenirse toz karabiber ile servis yapın.

4KARİDES SEBZELİ BİSKÜVİ

Camarao suyu

Bu karides severlerin çorbası, karides tadında lezzetli otlar ve baharatlarla doludur. Et suyu, kafaları ve kabukları da dahil olmak üzere bütün karideslerden yapılır ve karidesin zengin lezzetini ortaya çıkarır.

Bu tarifi yıllar önce kardeşimin Portekiz restoranında çalışan José adlı Portekizli bir şeften öğrenmiştim. Harika bir aşçıydı ama mutfakta çok huysuzdu. Mutfağa sık sık atılan tencere ve tavalardan çıkan yüksek yankılardan ruh halindeki değişimler açıkça görülüyordu. Hizmetler 8-10

2 pound çiğ karides (pound başına 30 ila 40) (varsa)

1 büyük soğan (doğranmış)

1 diş büyük sarımsak

4 büyük havuç (soyulmuş ve doğranmış)

2 demet kereviz (soyulmuş ve doğranmış)

8 bardak su

2 yemek kaşığı zeytinyağı

2 küp karides suyu

2 yemek kaşığı tereyağı

1 çay kaşığı kırmızı biber tozu

1 veya 2 çay kaşığı tuz (damak tadınıza göre)

1 çay kaşığı beyaz biber

1 ila 2 çay kaşığı piri piri veya tabasco sosu

½ bardak Vinho Verde veya beyaz şarap

½ su bardağı krema (isteğe bağlı)

Kruton yapmak için 3 Portekiz rulosu

Süslemek için limon dilimleri

Süslemek için maydanoz veya kıyılmış kişniş

hazırlık

Karidesleri kabuklarını ve kafalarını ayırarak soyun ve ayırın. Kabukları durulayın ve karides etini ayırın.

Büyük bir tencereye 8 bardak su, karides kabukları ve kafaları, soğanın yarısı, sarımsak, kereviz, havuç, tuz ve karabiberi ekleyip 20 dakika pişirin.

Et suyunu süzün ve kabuklarını atın. Havuç, soğan ve kerevizi et suyuna geri koyun. Küçük kabuk parçalarını arayın ve çıkarın.

Çorba kremalı bir tabana sahip oluncaya kadar çorbayı el blenderiyle püre haline getirin. Sebze kabuklarını veya ipliklerini yakalamak için çorbayı ince bir elek ile süzün. Çorbayı tekrar kaynamaya bırakın.

Bu arada orta boy bir tavada kalan soğanı zeytinyağı ve tereyağında şeffaflaşana kadar soteleyin.

Karides, et suyu, şarap, biber ve piri piri ekleyin. Karidesler pembeleşene kadar birkaç dakika pişirin. Pişen karideslerin yarısını çıkarın ve bir kenara koyun.

Kalan karides ve soğan sosunu tencereye ekleyip krema kıvamına gelinceye kadar işleyin. Çorbayı 10 dakika kadar pişirin.

Ayrılmış pişmiş karidesleri ikiye bölün ve çorbaya ekleyin. 5 dakika kaynatın.

Çorbayı tadın ve tadına daha fazla tuz ve beyaz biber ekleyin.

Krutonları hazırlayın:

Portekiz rulolarını küçük ¼ inç dilimler halinde kesin. Üzerine tereyağı ve sarımsak sürün ve fırında veya ekmek kızartma makinesinde altın rengi oluncaya kadar kızartın. Garnitür için rezerve edin.

Çorbayı servis edin:

Servis etmeye hazır olduğunuzda, birkaç parça karides yarımını ve ortasına bir dilim kızarmış Portekiz krutonunu içeren kaselere yerleştirin.

İstenirse garnitür olarak kişniş veya maydanoz ekleyin. İsterseniz çorbaya biraz limon sıkın.

Gözlem:

Daha kremalı bir çorba seviyorsanız, biraz çırpılmış krema ekleyin.

Karides suyu hazırlamak için daima tariflerinizden arta kalan karides kabuklarını saklayın. İstiridyeleri durulayın, kurulayın ve dondurucu torbalara koyun

5PORTEKİZ DENİZ ÜRÜNLERİ

Deniz mahsulleri çorbası

Romalılar tarafından Lusitania olarak bilinen Portekiz, kıyı boyunca toplanıp Roma'ya gönderilen deniz ürünleri nedeniyle oldukça değerliydi. Bugün Portekiz nüfusu dünyada kişi başına düşen en büyük balık tüketicileri arasındadır. Bu çorba, etli bir et suyu oluşturmak için balıkçı tarafından toplanan deniz lezzetlerini baharatlı baharatlarla karıştırılarak sunulmaktadır. Çorbaya daldırmak için baget ile servis yapın. Hizmetler 8-10

1 büyük soğan (küp doğranmış)

¼ bardak zeytinyağı

1 pound patates (soyulmuş ve 2 inç küpler halinde kesilmiş)

1 kiloluk karides (kabuklu)

8 küçük boyun kabuğu

1 kiloluk tarak

Parçalara ayrılmış 1 taze ıstakoz

1 kilo temiz kalamar (doğranmış)

1 küçük domates (doğranmış)

1 yemek kaşığı domates salçası

1 küçük biber (küp doğranmış)

4 su bardağı balık suyu veya istiridye suyu

2 bardak su

½ bardak beyaz şarap

1 defne yaprağı

1 çay kaşığı kırmızı biber tozu

¼ bardak ezilmiş domates

¼ çay kaşığı kırmızı biber

Tatmak için biber ve tuz

Kıyılmış kişniş veya maydanoz (garnitür)

¼ çay kaşığı toz kırmızı biber (isteğe bağlı)

hazırlık

Geniş bir tavada soğanı zeytinyağında şeffaflaşana kadar kavurun.

Istakozu, domatesleri, biberleri, defne yaprağını ve şarabı ekleyin ve hafifçe kızarana kadar birkaç dakika pişirin.

Patatesleri, şarabı, suyu, et suyunu, kırmızı biberi, salçayı ve baharatları ekleyip orta ateşte 15 dakika kadar pişirin.

İstiridyeleri, karidesleri, midyeleri ve kalamarları ekleyin ve tüm istiridyeler ve midyeler açılıncaya kadar pişirin; bu yaklaşık 10 ila 15 dakika sürecektir.

İstenirse ezilmiş kırmızı biber gevreği ekleyin. Kişniş veya maydanozla süsleyin.

Baget ile servis yapın

6SAVOICA SEBZE ÇORBASI

Juliana çorbası

Lahana, Portekiz mutfağının temelini oluşturur ve genellikle çorbalarda veya üzerine biraz zeytinyağı ve sirke serpiştirilmiş garnitür olarak servis edilir. Bu basit çorbanın yapımı kolaydır ve tavuk, sığır eti veya sebze gibi her türlü et suyunu kullanabileceğiniz için çok yönlüdür. Daha etli bir çorba için jambon veya dana kemiğini sebzelerle birlikte en az bir saat pişirin. Hizmetler 8-10

4 bardak Savoy veya normal lahana, 2,5 cm'lik (1 inç) şeritler halinde kesilir.

2 büyük patates

4 havuç

4 bardak su

4 su bardağı et, tavuk veya sebze suyu

½ bardak pirinç veya makarna

1 büyük soğan

1 tane sarımsak

3 yemek kaşığı zeytinyağı

1 çay kaşığı tuz

1 çay kaşığı biber

Ezilmiş kırmızı biber gevreği (isteğe bağlı)

hazırlık

Büyük bir tencereye su ve et suyu, havuç, patates, soğan, sarımsak, tuz ve 1 su bardağı lahana koyun. Kaynatın ve orta ateşte 30 dakika pişirin. (Çorba kemiği eklerseniz en az 1 saat pişirin.)

Sebzeler pişince çorbayı el blenderiyle istenilen kıvama gelinceye kadar püre haline getirin.

Kalan lahanayı, pirinci veya makarnayı ve zeytinyağını ekleyip 20 dakika daha pişirin. Servis yapmadan önce istenirse taze çekilmiş karabiber ve ezilmiş kırmızı biber ekleyin.

Servis yapmadan önce kaseye biraz zeytinyağı gezdirin

Gözlem:

Çorbanın tekrar ısıtıldığında koyulaştığını fark ederseniz daha fazla su ekleyebilirsiniz.

7LES MONTES VERDES SEBZE ÇORBASI

Yeşil fasulye çorbası

Yadigarı Portekizli yassı yeşil fasulye bu doyurucu çorbayı yapar. Portekiz toplumundaki pek çok aile bu fasulyeleri bahçelerinde yetiştiriyor ve kuru fasulye tohumlarını bir sonraki sezon ekim için saklıyor. Eğer evinizde bu yeşil fasulye yoksa, süpermarketinizin donmuş sebze reyonundaki İtalyan yassı yeşil fasulyesini değiştirebilirsiniz. Bu yeşil fasulyeyi bir kez denedikten sonra tariflerinizde bir daha standart yeşil fasulyeye dönmek istemeyeceksiniz. Porsiyon: 8-10

1 büyük soğan (doğranmış)

3 büyük havuç (doğranmış)

1 sap kereviz

1 diş büyük sarımsak

3 yemek kaşığı zeytinyağı

1 büyük defne yaprağı

1 kutu kuzey beyaz fasulyesi

2 su bardağı taze yassı yeşil fasulye veya 1 (9 ons. kutu dondurulmuş İtalyan yeşil fasulyesi)

6 bardak su

2 su bardağı tavuk suyu (veya isterseniz sebze suyu)

1 yemek kaşığı tuz

1 çay kaşığı biber

2 çay kaşığı domates sosu veya (1) küçük olgun domates

2 su bardağı küçük makarna

hazırlık

Geniş bir tencerede soğanları ve havuçları zeytinyağında şeffaflaşana kadar soteleyin. Tavuk suyunu, sarımsağı, suyu, defne yaprağını, domatesi ve baharatları ekleyin.

Kaynatın ve sebzeler yumuşayana kadar orta ateşte pişirin. Tavayı ocaktan alın. Defne yaprağını çıkarın ve ½ kutu beyaz fasulyeyi ekleyin.

Çorbayı blender yardımıyla istenilen kıvama gelinceye kadar püre haline getirin. Çorbayı orta ateşte tekrar ocağa alın. Tekrar kaynama noktasına gelince makarnayı, yeşil fasulyeyi ve kalan beyaz fasulyeyi ekleyin.

Makarna pişene kadar yaklaşık 15 ila 20 dakika orta ateşte kapağını kapatıp pişirin.

Gözlem:

Domates sosunu küçük, olgun bir domatesle değiştirebilirsiniz. Ayrıca her türlü yeşil fasulyeyi de değiştirebilirsiniz.

8BEYAZ FISTIK ÇORBASI

Feijao Branco çorbası

Portekiz yemeklerinde pek çok fasulye türü kullanılır ve çoğu çorba ve güveçte ana madde olarak sıklıkla kullanılır. Bu çorba, lezzetli bir et suyunda pişirilmiş beyaz fasulye ve sebzeleri kullanır. Bu tarifin başka bir çeşidi için beyaz fasulyeyi kırmızı fasulye veya nohutla değiştirebilirsiniz. 8'den 10'a kadar hizmet verir

8 ila 10 bardak su

1 jambon veya dana kemiği (isteğe bağlı)

1 büyük soğan (doğranmış)

1 büyük havuç (doğranmış)

1 büyük patates (küp doğranmış)

2 diş sarımsak

1 defne yaprağı

1 yemek kaşığı tuz

1 çay kaşığı karabiber

¼ bardak zeytinyağı

4 veya 6 onsluk dirsek makarna

1 16 oz. kuzey beyaz fasulye konservesi

2 su bardağı lahana (ince doğranmış)

hazırlık

Makarna, fasulye ve lahana dışındaki tüm malzemeleri geniş bir tencereye koyun. Yaklaşık 1 saat orta ateşte pişirin. Ateşten alın, defne yaprağını ve et kemiğini çıkarın. Tüm malzemeleri el blenderıyla istenilen kıvama gelinceye kadar karıştırın.

Çorbayı tekrar ateşe verin ve yaklaşık 5 dakika pişirin ve kaynatın.

Makarnayı, lahanayı ve fasulyeyi ekleyin ve çorbanın 10 ila 15 dakika pişmesine izin verin. Çorbayı tuz ve karabiberle tatlandırın.

İsterseniz eti kemiğinden ayırıp küçük parçalara ayırıp çorbaya ekleyebilirsiniz.

Lahana yumuşayana kadar çorbayı pişirmeye devam edin. Makarnanın fazla pişmemesi için ocaktan alın.

Üzerine biraz sızma zeytinyağı ve taze çekilmiş karabiber serperek servis yapın.

9CARMELINA'NIN EV YAPIMI TAVUK ÇORBASI

Galinha ve Carmelina'nın Değişimi

Annem haftada en az bir kez ailemize tavuk çorbası yapardı. Bir arkadaşı ya da aile üyesi ziyarete gelirse diye ocakta her zaman bir tencere çorba bulundururdu. Ben de her hafta çorba yaparım ama bu ailemin en sevdiği çorbadır. Çocuklarım normal bebek maması yemeye başladığında, paketli bebek mamasını sevmedikleri için hemen hemen her gün bu çorbayı yaptım. Tabii ki soğanı, tuzu ve karabiberi dışarıda bıraktım.

Her Portekiz mutfağında tavuk çorbası tariflerinin birçok çeşidi vardır. Bazı aşçılar makarna yerine pirinç kullanmayı tercih ederken, diğerleri nişasta olarak küçük makarna türlerini ve hatta yumurtalı erişteyi kullanıyor. Ekstra lezzet için nane yaprağı veya limon sıkmak da yaygındır.

Porsiyon: 8-10

2 pound taze tavuk (bütün veya doğranmış)

12 bardak su

1 büyük soğan (doğranmış)

2 küp tavuk suyu

2 büyük kereviz sapı

2 büyük havuç

2 diş sarımsak (soyulmuş)

2 dal maydanoz

1 yemek kaşığı tuz

½ çay kaşığı taze çekilmiş karabiber

1 ½ bardak orzo makarna veya beyaz pirinç

isteğe bağlı garnitür:

2 çay kaşığı taze kıyılmış maydanoz

½ çay kaşığı ezilmiş kırmızı biber gevreği

1 nane yaprağı

Limon sıkmak

hazırlık

Geniş bir tencereye su, soğan, 1 sap kereviz, 1 havuç, tuz, 2 dal maydanoz ve sarımsağı koyun. Kaynatın, tavuğu ekleyin ve kaynatın.

30 dakika piştikten sonra tavuk filetolarını tavadan çıkarın, kemiklerini çıkarın ve küçük parçalar halinde kesin. Sonraya sakla.

Bir saat daha pişirin ve tavuk ve sebzeleri çıkarın. Yağını çıkarmak için çorbayı bir süzgeçten geçirin.

Çorbayı ateşe koyun ve kaynatın. Orzo veya pirinci ekleyin ve orta ateşte 10 dakika pişirin.

Kalan havuç ve kerevizi 1/4 inçlik dilimler halinde kesin, çorbaya ekleyin ve 10 dakika daha pişirin.

Ayrılmış doğranmış tavuk göğsünü, biraz daha tuz ve karabiberi, maydanoz pullarını ekleyin ve çorbayı birkaç dakika pişirin.

İsteğe göre garnitür ekleyin.

10PEYNİRLİ LAHANA ÇORBASI

Couve ile Grao Çorbası

Lahana ve nohutun birleşimi protein ve lif dolu doyurucu bir çorba oluşturur. Ben daha kalın bir et suyu için nohutları püre haline getiriyorum, ancak daha kalın bir stil tercih ederseniz onları bütün veya yarım bırakın. Bu, havuç ve lahananın hasat mevsiminin zirvesinde olduğu mükemmel bir sonbahar çorbasıdır. 6-8 kişi için

2 büyük havuç (doğranmış)

1 16 oz. konserve pişmiş nohut

8 bardak su

1 defne yaprağı

1 büyük soğan

1/4 su bardağı zeytinyağı

1 çay kaşığı tuz

1/4 çay kaşığı biber

2 küp tavuk suyu

1 veya 2 su bardağı kıyılmış lahana

Lahana dışındaki tüm malzemeleri orta boy bir tencerede orta ateşte sebzeler yumuşayana kadar pişirin.

Tavayı ocaktan alın ve çorbayı el blenderiyle pürüzsüz ve kremsi bir kıvama gelinceye kadar püre haline getirin.

Çorbayı tekrar kısık ateşte ocağa alın ve 5 ila 10 dakika kadar pişirin.

Çorbanın tadına bakın ve gerekirse daha fazla su veya baharat ekleyin. Çorbanın çok koyulaştığını fark ederseniz daha fazla su ekleyin. Lahanayı çorbaya ekleyin.

5 dakika kadar kaynatıp servis yapın.

Taze çekilmiş karabiber ile süsleyin.

11BAHARATLI PORTEKİZ UYGULAMASI KARİDES

Camarao Piri Piri

Bu ailemin en sevdiği atıştırmalık. Her parti veya aile kutlamamızda ona hizmet veriyoruz. Piri piri kırmızı biber sosu ve füme kırmızı biber, bu ızgara karideslere hoş bir renk ve baharatlı bir tat verir. Bu yemeği seviyorum çünkü hazırlanması sadece birkaç dakika sürüyor ve az ya da çok baharat ekleyerek misafirlerinizin damak tadına göre ayarlayabilirsiniz.

Sosa batırmak için elinizde bol miktarda Portekiz ekmeği olduğundan emin olun. Bir uyarı, bunu uğruna yaptığınız insanlar o andan itibaren sonsuza kadar hayatınızda olacak. sana söz veriyorum Bu çok iyi! 4-6 kişi için

2 pound çiğ karides (pound başına 30 ila 40, soyulmamış ve çözülmüş)

1 adet çok küçük soğan (ince doğranmış)

3 yemek kaşığı zeytinyağı

1 çay kaşığı füme kırmızı biber tozu

1 küp tavuk suyu

¼ bardak Vinho Verde veya çok sek beyaz şarap

¼ çay kaşığı tuz

1 yemek kaşığı mısır nişastası

2 ila 3 çay kaşığı piri piri veya (tabasco veya acı sos)

½ bardak su

hazırlık

Büyük bir tavada, soğanları zeytinyağında orta ateşte yarı saydam olana kadar ama kahverengileşinceye kadar soteleyin.

Karidesleri ekleyin ve karidesler pembeleşene kadar 1 dakika pişirin. Kırmızı biber, tuz, et suyu, şarap ve sambal ekleyin. Karıştırın ve 1 dakika pişirin.

¼ ila ½ bardak su ve mısır nişastasıyla bir macun yapın. Mısır nişastası eriyene kadar küçük bir kapta karıştırın. Karidesleri karıştırın. Sos koyulaşana kadar pişirin. Sosu tadın ve tadına daha fazla tuz veya acı sos ekleyin.

Gözlem:

Bu tarifin hazırlanması yalnızca birkaç dakika sürer. Misafirlerinize servis etmeye hazır olmadan hemen önce pişirmeye başlayın.

Ayrıca bunu önceden yapabilir ve birkaç dakika yeniden ısıtabilirsiniz. Karidesleri aşırı pişirmeyin, çünkü aşırı pişirilirse lastikleşebilirler.

12BACADILLON VE PATATES kroket

Bolinhos de Calhau/Pasteis de Calhau

Portekiz'de bir söz vardır; "Yılın her günü için bir tane olmak üzere morina için 365 tarif var." Bu küçük morina kroketleri Portekiz mutfağının en popüler mezesidir. Her Noel, düğün ve parti masasında vazgeçilmez kabul edilirler.

Bu annemin tarifi. Her sabah Noel arifesinde bu "bolinholarıı" onunla birlikte pişirdiğimize dair güzel anılarım var. Her Noel arifesinde Lisa ile birlikte yaparak aile geleneğini benimsedim. Bir dahaki sefere çift parti yapmanızı ve çiğ hamurun yarısını dondurmanızı öneririm. Tuzlu patates ve morina balığı, altın rengi olana kadar hafifçe kızartılır ve olağanüstü lezzetli olurlar!

4 ila 5 düzine yapar

1 pound kemiksiz morina

3 büyük nişastasız patates, soyulmuş ve ½ inç dilimler halinde kesilmiş

1 küçük sarı soğan (doğranmış)

1 diş büyük sarımsak (çok ince doğranmış) veya (¼ çay kaşığı sarımsak tozu)

2 çay kaşığı zeytinyağı

2 çay kaşığı maydanoz (çok ince doğranmış)

3 büyük çırpılmış yumurta

¼ çay kaşığı öğütülmüş karabiber

tuzlu

Kızartma için mısır yağı veya bitkisel yağ (yağlı tadı önlemek için markalı bir yağ değil, birinci sınıf bir marka kullanın)

Nemlendirici morina:

Morina balığını büyük bir soğuk su kabına koyun ve üzerini kapatın. 2 gün buzdolabında saklayın ve günde en az 2 kez suyunu değiştirin. Morina balığı çok kalınsa suyunu daha sık değiştirmeniz ve 3 gün suda bekletmeniz gerekebilir.

hazırlık

Patatesleri ve morina balığını, üzerini kaplayacak kadar su dolu bir tencereye koyun. Orta-düşük ateşte yaklaşık 10 dakika kadar pişirin.

Yumuşak ve pul pul olması gereken morina balığını delikli bir kaşıkla dikkatlice çıkarın ve nemi alması için temiz beyaz keten bir çay havlusu veya kağıt havlu üzerine koyun.

Kemikleri çıkarın ve morina balığını havluyla top haline getirin ve nemini sıkın. Kenara.

Patatesleri 10 dakika daha veya yumuşayana kadar haşlayın ve süzün.

Süzdükten sonra patatesleri aynı tavada bırakın, üzerini örtün ve birkaç dakika tekrar ateşe verin. Bu, patateslerdeki nemi giderecektir. Patates ve morina soğuduğunda pancar hamurunu yapmaya başlayabilirsiniz.

Hamurun Hazırlanışı:

Patatesleri patates eziciden geçirerek geniş bir kaseye alın. Bu onları çok havadar ve hafif yapar. Pirinç makineniz yoksa peynir rendesi ile rendeleyin.

Morina balığını çatalla veya mutfak robotunda ince ve hafif oluncaya kadar küçük parçalar halinde doğrayın.

Morina gevreğini, soğanı, sarımsağı, maydanozu, çırpılmış yumurtayı ve biberi patates kasesine ekleyin ve malzemeleri birleştirmek için karıştırın.

Hamurunuz, pişirme için oval kroket oluşturacak kadar kalın olmalıdır. Çok yumuşak bulursanız, daha fazla morina gevreği veya patates püresi ekleyin.

Gözlem:

Bu noktada ayrıca şekillendirip ince bir un tabakasına bulayıp daha sonra pişirmek üzere buzdolabı poşetlerinde saklayabilirsiniz.

Yağı yaklaşık 365 ila 375 derece F'ye ısıtın ve altın kahverengi olana kadar yaklaşık 2 ila 3 dakika boyunca bir seferde 4 veya beşini kızartmaya başlayın.

Piştiklerinden emin olmak için ilk partiyi test edin. Çok çabuk kızardıklarını ve tamamen pişmediklerini fark ederseniz ısıyı azaltmanız gerekebilir.

Pişen donutları yağını alması için kağıt havlu üzerine koyun.

Sıcak veya soğuk servis yapın.

Gözlem:

Eğer donarsa:Hala donmuş haldeyken pişirin, ancak pişmeleri daha uzun sürebilir. Eşit pişirme için ısıyı uygun şekilde ayarlayın.

13KARİDES EMPANADLARI

Rissois de Camarao

Bu meze çok popülerdir ve çoğu düğün ve özel etkinliklerde servis edilir. Yumuşak hamur, karides dolgusu ile doldurulur ve altın rengi olana kadar hafifçe kızartılarak ağzınızda eriyen lezzetli bir lokma oluşturulur.

Küçükken, ailemizin Noel Arifesi yemeği "Consoada" için bu ikramlardan düzinelerce yapmasına yardım etmek için sık sık vaftiz annemin evine giderdim. Consoada kelimesi, bir günlük oruçtan sonra yenen bir yemektir ve birçok insanın Noel'den önceki Advent günlerinde oruç tutması nedeniyle 'teselli etmek' anlamına gelen Latince consolare kelimesinden gelir. Consoada'nın akşam yemeği birçok balık ve deniz ürünleri yemeği ve birçok klasik tatlıyla doludur.

Çok hassas olan ve hem şekillendirme sürecinde hem de kızartma sırasında çok dikkatli kullanılması gereken hamuru kırdığım için vaftiz annem tarafından sık sık azarlanırdım.

Yıllar boyunca Lisa ve ben bunu her Noel Arifesinde yapmak için aynı titizliği gösterdik.

5-6 düzine önce

Adım 1 Beyaz sos

6 yemek kaşığı un

¾ çubuk veya 6 yemek kaşığı tereyağı veya margarin

2 bardak süt

½ çay kaşığı tuz

¼ çay kaşığı biber

½ su bardağı tavuk suyu (isteğe bağlı)

1 yumurta sarısı

hazırlık

Tereyağını ağır bir tencerede eritin, unu ekleyin ve tereyağında eriyene kadar karıştırın.

Sütü, tuzu, karabiberi ve et suyunu ekleyin. Orta ateşte sürekli karıştırarak koyulaşana kadar pişirin.

Küçük bir kapta, çırpılmış sarının üzerine hazırlanan beyaz sostan 1 çorba kaşığı ekleyin, ardından yumurta karışımını beyaz sosa ekleyin. Gerekirse karıştırın, tadın ve daha fazla tuz veya karabiber ekleyin.

Tamamen soğuması için buzdolabında soğumaya bırakın veya saran sargıyla örtün

Adım 2 Karides doldurma

¼ bardak soğan (ince doğranmış)

2 çay kaşığı maydanoz (ince kıyılmış)

½ küp tavuk suyu

3 yemek kaşığı zeytinyağı

1 ½ pound çiğ karides (soyulmuş ve doğranmış)

¼ çay kaşığı kırmızı biber

¼ çay kaşığı tuz (isteğe bağlı)

1 çay kaşığı limon suyu

hazırlık

Soğanları zeytinyağında orta ateşte soteleyin. Et suyunu ve karidesleri ekleyin. Karidesler pembeleşene kadar yaklaşık 3 dakika kızartın.

Limon suyunu ve maydanozu ekleyip soğumaya bırakın. Soğutulmuş karidesleri beyaz sosa ekleyin ve tuz ve karabiberle tatlandırın. Karışımın tamamen soğumasını bekleyin veya gece boyunca plastik ambalajla kaplayarak buzdolabında bekletin.

Adım 3 Çok fazla

6 bardak su

6 su bardağı un

1 yemek kaşığı tuz

1 çubuk veya 8 yemek kaşığı margarin

1 dilim limon kabuğu rendesi

hazırlık

Yapışmaz bir tencereye su, limon kabuğu rendesi, tuz ve tereyağını orta ateşte, su kaynamaya başlayıncaya ve tereyağı eriyene kadar koyun.

Limon kabuğu rendesini çıkarın. Unu ekleyin ve sağlam bir kaşıkla hamur top haline gelinceye kadar sürekli karıştırın. Bu kas gücü gerektirir. Tavanın alt kısmında kabuk oluşmaya başladığını fark edeceksiniz.

Tüm un hamur topuna karışıncaya kadar karıştırmaya devam edin. Hamur ekmek hamuru gibi görünmeli ve hissedilmelidir.

Gözlem:

Hamuru empanadalara yuvarlamadan önce tamamen soğumasını bekleyin.

Adım 4 Empanada'ları oluşturun

Hamur ve dolgu tamamen soğuduktan sonra, hamuru soğuk unlanmış bir yüzeyde unlu bir oklava ile 1/8 inç kalınlığa kadar açın.

Bir kurabiye kesici veya ince kenarlı bir kap kullanarak hamuru 4 ila 5 inçlik yuvarlaklar halinde kesin.

Hamurun ortasına 1 tatlı kaşığı iç harçtan koyun. Bir ay oluşturacak şekilde hamuru katlayın.

Kenarlarını çatalla yavaşça birbirine sıkıştırın. Dolgunun kenarlardan kaçmasına izin vermeyin. Hamur kırılırsa çok fazla iç malzeme eklediğinizi fark edeceksiniz.

Rissóis'i ayrı ayrı, pişirme kağıdıyla kaplı veya hafifçe unlanmış büyük bir fırın tepsisine yerleştirin.

Gözlem:

Bu noktada plastik poşetlerde 1 aya kadar dondurabilirsiniz.

Adım 5 Empanada kaplama

Geniş bir kapta 3 yumurtayı birkaç yemek kaşığı suyla çırpın.

Düz bir tabağa 2 ila 3 bardak ekmek kırıntısını yayın.

Her bir karides köftesini bir eli kuru, diğeri ıslak olarak önce yumurtaya, sonra galeta ununa batırın.

Fazla yumurta ve kırıntıları silkeleyin ve parşömen kağıdıyla kaplı fırın tepsisine yerleştirin. Pişirmeye hazır olana kadar plastik ambalajla kaplı buzdolabında saklayın.

Adım 6 Kızartılmış empanadalar

Fritözü 365 derece F'ye ısıtın.

Gözlem:

Isıyı 365 dereceye kadar kontrol eden iyi bir paslanmaz çelik fritöz öneririm.

Altın kahverengi olana kadar bir seferde 6 kızartın. Çok çabuk kızarırlarsa ve içleri çiğ ise ısıyı azaltın. Fritözünüze bağlı olarak ısıyı buna göre ayarlamanız gerekebilir.

Eşit şekilde pişirmek için yavaşça çevirmeye devam edin. Hamur çok yumuşaktır, hamuru delmemeye dikkat edin, aksi takdirde hamur kırılır ve ortaya yağ girer.

Doldurma ve hamurun iyice piştiğinden emin olmak için keserek pişip pişmediğini test edin.

Yağın emilmesi için mutfak kağıdına koyun.

14BULHÃO PATO'DA KÜÇÜK KELEPÇE

Bulhao Pato'daki Ameijoas

Bu yemek, adını 19. yüzyıl Lizbon şairi Bulhão Pato'dan almıştır ve şu anda çoğu Portekiz restoranının menüsünde yer almaktadır. Taze kişniş ve beyaz şarap sosu, otlar, şarap ve yumuşak etli istiridyelerle lezzetli bir et suyu oluşturur. Daldırma için çıtır Portekiz ekmeği ile servis yapın. Hizmetler 1-2

2 yemek kaşığı zeytinyağı

1 yemek kaşığı sarımsak (doğranmış)

1 yemek kaşığı taze kişniş (ince doğranmış)

3 yemek kaşığı Vinho Verde veya sek beyaz şarap

12 adet küçük boyunlu deniz tarağı (durulanmış ve temizlenmiş)

Limon Şahinleri

hazırlık

Bir tavada sarımsakları zeytinyağında yüksek ateşte şeffaflaşana kadar kavurun. İstiridyeleri, beyaz şarabı ve ½ kişnişi ekleyip kapağını kapatın. İstiridyeler açılıncaya kadar 5-8 dakika pişirin. Açılmamış istiridyeleri atın.

Servis kasesine koyun. Kişniş ve limon dilimleriyle süsleyin.

15BACADILLO PASTİSTLERİ

Patanisca de Bacalhau

Bu yassı kekler, morinanın tuzlu tadıyla soğan ve maydanozun tatlılığını birleştiriyor. Meze olarak ya da pilavın yanında ana yemek olarak servis edebilirsiniz. Ertesi gün daha da lezzetli oluyorlar, o yüzden devam edin ve çift parti yapın.

Küçükken annemle birlikte bu patanisklerin nasıl pişirileceğini öğrendiğime dair güzel anılarım var. Bunları pazar sabahları aile yürüyüşlerimizde veya sahilde piknik yaparken giyerdik. 10-12 kek yapar

1 pound kemiksiz morina (ince doğranmış)

4 yumurta

1 su bardağı ve ½ un

½ küçük soğan veya taze soğan (ince doğranmış)

2 çay kaşığı taze maydanoz (ince kıyılmış)

¼ çay kaşığı karabiber

¼ çay kaşığı sarımsak tozu

1 çay kaşığı zeytinyağı

tatmak için tuz

½ ila 1 bardak su

½ çay kaşığı karbonat

¼ bardak zeytinyağı

¼ bardak bitkisel yağ

hazırlık

Morina balığını kaynar suda yaklaşık 5 ila 8 dakika kadar pişirin. Soğumaya bırakın, ardından bir çatalla küçük parçalar halinde kesin.

Soğanı, maydanozu, morina balığını, unu, tuzu, karabiberi, sarımsak tozunu ve zeytinyağını bir kasede karıştırıp iyice karıştırın.

Küçük bir kapta su ve yumurtayı karıştırıp morina karışımına ekleyin ve iyice karıştırın.

Tadına bakın ve daha fazla tuz, karabiber ve sarımsak tozu ekleyin.

İki yağı birleştirin ve yağların yarısını orta ateşte ağır bir tavada ¼ inç'e kadar ısıtarak gruplar halinde kızartmaya başlayın.

Yağın içine az miktarda hamur koyarak yağın sıcaklığını test edin. Hamur kabardığında pişirmeye hazırdır. Yağın duman çıkarmaya başladığını gördüğünüzde ısıyı azaltın.

Gümüş dolar büyüklüğündeki gözleme hamurunu tavaya dökün. Yaklaşık ¼ inç oval şekillerde pişirmek için bunları düzleştirin. Altın rengi olana kadar her iki tarafta kızartın.

Yağı emmesi için kağıt havlulara veya kahverengi kağıt öğle yemeği poşetlerine yerleştirin.

Sıcak veya soğuk servis yapın.

16MOT ET ORMANLARI

Et Dilimi

Bu puf böreği cepleri lezzetli bir et dolgusu ile doldurulur ve daha sonra altın rengi kahverengi olana kadar pişirilir. Sıcakken çok lezzetliler ama ertesi gün daha da lezzetli oluyorlar. Bu tariften yaklaşık 3 düzine et köftesi çıkıyor ve bu da onu elde taşınan harika bir parti yemeği haline getiriyor. Ayrıca bir varyasyon olarak sığır eti yerine pişmiş tavuk da kullanabilirsiniz. Yaklaşık 3 düzine önce

2 pound dondurulmuş veya taze puf böreği hamuru

1 kiloluk kıyma

¼ bardak soğan (ince doğranmış)

1 çay kaşığı sarımsak tozu

2 çay kaşığı maydanoz (doğranmış)

tuz ve biber

¼ su bardağı rendelenmiş peynir (isteğe bağlı)

1 yumurta

1 çay kaşığı su

Hamuru, yuvarlanacak kadar çözülmesi için dondurucudan çıkarın.

Eti geniş bir tavada altın rengi oluncaya kadar pişirin. Tavadan çıkarın, süzün ve orta boy bir kapta soğumaya bırakın.

Aynı tavaya soğanı ve sarımsağı ekleyip altın rengi olana kadar kavurun. Soğan karışımını ete ekleyin ve soğumaya bırakın.

Et karışımını mutfak robotuna yerleştirin ve 5 kez veya et ince bir kıvama gelinceye kadar çalıştırın. Maydanozu ve peyniri ekleyip 2 kez daha çırpın.

Hamuru açın ve 3 "x 6" dikdörtgen şeklinde kesin. Dikdörtgenin ortasına 1 yemek kaşığı et koyun. Kenarları birbirine sıkıştırırken kare cepler oluşturmak için yan yana katlayın.

2 fırın tepsisini pişirme kağıdıyla kaplayın. Sayfaları kağıdın üzerine yerleştirin ve hafif bir yumurta yıkamasıyla fırçalayın.

Önceden ısıtılmış fırında 400 derece F'de 15 dakika veya altın kahverengi olana kadar pişirin.

17TUZLU ET KROKET

Et kroketleri

Bu kroket tarifi eski bir klasiktir. Tuzlu ve hafiftirler ve gevrek bir kabuğa sahiptirler. Arta kalan rosto etini veya rosto etini değerlendirmenin mükemmel bir yolu.

Küçükken bu kroketlerden çoğunu yapmıştım. Noel Arifesi yemeğimizi pişirmesine yardım etmek için vaftiz annemin evine gittiğimde resmi kroketçi olurdum. 2 düzine önce

1 pound pişmiş sığır eti (doğranmış)

2 yemek kaşığı tereyağı

4 yemek kaşığı un

½ bardak süt

3 diş sarımsak (doğranmış)

½ küçük soğan (ince doğranmış)

¼ bardak chorizo (ince doğranmış) (isteğe bağlı)

1 defne yaprağı

1 yemek kaşığı maydanoz (ince kıyılmış)

1 çay kaşığı tuz

¼ çay kaşığı kırmızı biber

Taze çekilmiş karabiber

Bir tutam hindistan cevizi

2 yumurta

Tepesi için 1 ila 2 bardak ekmek kırıntısı

Kızartmak için bitkisel yağ

hazırlık

Soğanı, sarımsağı ve defne yaprağını tereyağında orta boy bir tavada orta ateşte yarı saydam oluncaya kadar soteleyin. Unu ekleyin ve un tereyağına karışıncaya kadar iyice karıştırın.

Tereyağı eriyene ve karışım pürüzsüz ve kalın hale gelinceye kadar sütü azar azar ekleyin. Sığır eti, chorizo ve kalan tüm baharatları ekleyip birkaç dakika pişirin. Defne yaprağını çıkarın ve atın.

Eti ocaktan alın ve yavaş yavaş 1 çırpılmış yumurtayı ekleyerek yumuşatın.

Karışımı koyulaşana kadar kaynatın ve top veya yumurta şekline getirin.

Karışımı birkaç dakika soğutun ve kroket şekli verin.

Kızartmaya hazır olduğunuzda, her kroketi kalan çırpılmış yumurtaya ve ardından galeta ununa batırın. Bitkisel yağda orta ateşte altın rengi olana kadar kızartın.

Servis tabağına koymadan önce mutfak kağıdı üzerinde süzülmesini sağlayın

18PORTEKİZ TARZI SOĞUK YEMEK

Carnes Frias ve Queijos à Portuguesa

Bu meze, akşam yemeğini hazırlarken misafirlerinizin damak tadına hitap edecek ya da parti yemeği olarak servis edebilirsiniz. Yemeğe rustik bir görünüm kazandırmak için etleri büyük bir ahşap kesme tahtası üzerinde servis ediyorum. Misafirlerinizin yemeği bittiğinde, kolay temizlik için kağıdı rulo haline getirin ve atın.

Önerilen Malzemeler:

Peynir:

Zeytin yağı

Évora peyniri

kız

doruğa ulaşmak

Aziz George

yılan

Serra da Estrela

Etler:

sıçrama

domuz sucuğu

Mortadella

sanıyorum ki

taraflar:

Zeytin çeşitleri

Kiraz veya üzüm domatesleri

Közlenmiş kırmızı biber

Kuru incir veya incir reçeli

Çeşitli fındık

Dilimlenmiş ekmek

Hazırlık:
Büyük bir kesme tahtası veya servis tabağına büyük bir parşömen kağıdı yerleştirin.

Ortasına zeytin, domates, biber, turşu veya diğer çeşnileri yerleştirin.

Çeşitli Portekiz peynirleri ve etleri ile çevrili.

Yanlarına ince kıyılmış çıtır ekmekleri ekleyin.

Kolay servis için çatalları, peynir dilimleyicilerini veya bıçakları ve yemek çubuklarını yerleştirin.

19PORTEKİZ TARZI BRUSCHETTA

Portekizli Bruschetta

Portekiz ruloları, bu mezenin üzerine koymak için mükemmel bir kaptır ve tek lokmada mükemmel bir Portekiz lezzeti tadı yaratır. Tatlı kırmızı soğan ve kavrulmuş kırmızı biber, presuntodaki tuzluluğu yumuşatır, ardından çiseleyen saf Portekiz zeytinyağı ile tamamlanır.

İkili bir parti yapın çünkü bu lezzetli küçük ikramlar hızla kayboluyor. Bu mezeyi servis yapmadan bir gün öncesine kadar hazırlayın. 4-6 kişi için

3 veya 4 kuru papo: Portekiz sandviçleri veya bagetleri

2 adet yarı olgun domates (çok ince doğranmış)

2 dilim jambon (ince doğranmış)

¼ bardak ince doğranmış kırmızı soğan

¼ su bardağı doğranmış siyah zeytin

¼ bardak közlenmiş kırmızı biber (doğranmış)

2 diş sarımsak (ince kıyılmış)

4 yemek kaşığı Portekiz zeytinyağı veya sızma zeytinyağı

2 çay kaşığı ince kıyılmış maydanoz

Tatmak için öğütülmüş karabiber

hazırlık

Domatesleri boşaltın ve plastik veya seramik bir kaseye koyun. Geri kalan malzemeleri ekleyin ve iyice karıştırın.

Montaja ve servise hazır olana kadar buzdolabında saklayın.

Ekmek dilimlerini hazırlayın:

Mikrodalgaya dayanıklı çok küçük bir kaseye 1 diş kıyılmış sarımsağı zeytinyağına koyun ve yağın sarımsak aromasını tatması için yaklaşık 30 saniye pişirin.

Ekmeği çok ince ¼ ila ½ inç dilimler halinde kesin ve bunları geniş bir fırın tepsisine yerleştirin. Sarımsak yağının yarısını fırçayla sürün, diğer yarısını üzeri için ayırın.

Ekmek dilimlerini içeren tabağı, yaklaşık 2 dakika veya hafifçe kızarana kadar kızartmak için ızgaranın altına yerleştirin, ardından diğer tarafını da kızartın.

*Dikkat:*Ekmeği kızartırken fırının kapağını açık bırakın. Çabuk kahverengileşecektir.

Ekmek hazır olduğunda, her dilimin üzerine 1 çorba kaşığı veya daha fazla kaplama karışımını koyun.

Üzerine zeytinyağı gezdirip servis yapın

20IZGARA DOMUZ GÖBEĞİ

Kavrulmuş Toucino

Dışarıdaki ızgarada pişen taze domuz yağı kokusundan daha güzel bir şey olamaz. Bu, kardeşim Manny'nin her aile pikniğinde servis edilen ve ailemizdeki erkeklerin en sevdiği tarifi.

Kürlenmemiş domuz göbeğini yerel kasap dükkanınızda bulabilirsiniz. İstenilen kalınlığa kadar elle kesecekler. Çıtır pişmiş pastırmanın sulu meyve sularını emmek için Portekiz ruloları veya çıtır ekmek ile servis yaptığınızdan emin olun. Hizmetler 6-8

2 pound taze tuzsuz domuz yağı (¼ inç kalınlığında dilimlenmiş)

6 diş sarımsak (doğranmış)

1 yemek kaşığı deniz tuzu

2 yemek kaşığı zeytinyağı

hazırlık

Domuz şeritlerini tuzlanmış sarımsak ve zeytinyağıyla en az 30 dakika marine edin. Sıcak ızgaraya yerleştirin ve her iki tarafı da çıtır olana, ancak yanmayana kadar pişirin. Çıtır Portekiz ekmeği ile servis yapın.

21MINHO STİLİ DOMUZ TAVUK

Minhota'daki Rojo'lar

"Minhota" kelimesi genellikle yemeğin menşei olan kuzey Portekiz'in "Minho" bölgesinden bir kadına atıfta bulunur. Sarımsak ve şarap turşusu domuz etinin tuzlu ve lezzetli olmasını sağlar. Kızartma tekniği altın sarısı ve çıtır bir doku oluşturur. Ana yemek olarak baget veya haşlanmış patates ile servis yapın. 4-6 kişi için

1 kiloluk domuz bonfile, 1 inçlik küçük küpler halinde kesilmiş

1 bardak Vinho Verde veya sek beyaz şarap

3 diş sarımsak (doğranmış)

1 defne yaprağı

½ yemek kaşığı kırmızı biber tozu

½ çay kaşığı kimyon

½ kaşık tuz

½ çay kaşığı öğütülmüş karabiber

3 yemek kaşığı kısaltma

hazırlık

Kısaltma dışındaki tüm malzemeleri küçük bir kaseye koyun ve baharatları da dahil etmek için iyice karıştırın. Gece boyunca marine edilmesi için buzdolabına koyun.

Pişirmeye hazır olduğunuzda eti buzdolabından çıkarıp oda sıcaklığına getirin. Domuz etini süzün, ancak turşuyu daha sonraya saklayın.

Katı yağı büyük bir tavada orta ateşte ısıtın ve domuz etini altın rengi kahverengi ve çıtır çıtır olana kadar kızartın. Güzel ve çıtır bir doku elde etmek için domuz etini gruplar halinde pişirin.

Son pişmiş et parçasını tavadan çıkarın. Marine edip tavaya ekleyin ve yarı yarıya azalıncaya kadar pişirin.

Domuz eti tekrar tavaya ekleyin ve lezzetlerin emilmesi için birkaç dakika pişirin. Tadına bakın ve gerekirse daha fazla tuz ekleyin.

Meze olarak Fransız ekmeğiyle servis yapın veya bu domuz etini haşlanmış patatesle ana yemek olarak servis edin

22PORTEKİZ TARZI PEYNİR TABAĞI

Portekiz peynirleri

Bu rustik peynir tahtası, akşam yemeğinize başlamanın veya basit bir peynir ve şarap partisine ev sahipliği yapmanın harika bir yoludur. Bir akşam yemeği partisi için büyük bir kalabalığı eğlendirmem gerektiğinde bunu oldukça sık yapıyorum çünkü ben yemek pişirmeyi bitirirken misafirleri eğlendiriyor.

Bir şarap partisine ev sahipliği yapıyorsanız, bunu sek veya tatlı Portekiz şarapları, beyazlar, kırmızılar, yeşillikler, Port veya Madeira şarap eşleştirmeleriyle servis edin.

Portekiz peynirlerinin çeşitleri:

Zeytin yağı

Évora peyniri

kız

doruğa ulaşmak

Aziz George

yılan

Serra da Estrela

Baharat:

Badem

İncir reçeli

Marmelada (Portekiz ayva reçeli)

Çeşitli sandviçler

Ahşap kesme tahtası veya büyük kase

Hazırlık:

Bademleri, incir reçelini ve marmelatı kesme tahtasının ortasına yerleştirin. Reçelin etrafına farklı peynirler dizin.

Dilimlenmiş ekmek ve krakerleri peynirin etrafına yerleştirin.

Kuru veya tatlı Portekiz şarapları, beyazlar, kırmızılar, Vinho Verde, Porto veya Madeira karışımlarıyla servis yapın.

23MONTA VERMELLA VE ŞİLİ COURIÇO

Feijão ile Chourico

Füme kırmızı biber ve baharatlar, bu biberde mükemmel bir lezzet kombinasyonu oluşturur. Bir parti için veya bir sonraki yemeğiniz için fasulye garnitürü olarak harikadır. Portekiz Çili dediğimiz bu aile favorisi kocam Augie'nin tarifi. 4-6 kişi için

1/4-inç dilimler halinde kesilmiş 1 büyük sosis veya linguica. Not: dil daha baharatlıdır

2 büyük kutu pişmiş kırmızı fasulye

1 küçük soğan (doğranmış)

2 orta diş sarımsak (doğranmış)

1 defne yaprağı

½ çay kaşığı kırmızı biber tozu

1 ila 2 çay kaşığı piri piri veya acı sos (isteğe bağlı)

½ bardak su

½ bardak kırmızı şarap

1 su bardağı ezilmiş kırmızı domates veya domates sosu

2 yemek kaşığı zeytinyağı

2 yemek kaşığı kıyılmış maydanoz (isteğe bağlı)

hazırlık

Büyük, derin bir tencerede, orta ateşte, soğanı, sarımsağı ve defne yaprağını zeytinyağında şeffaflaşana kadar 1-2 dakika soteleyin. Dilimlenmiş chorizo'yu ekleyin ve hafifçe kızarıncaya kadar yaklaşık 2 dakika pişirin.

Maydanoz pulları hariç diğer malzemeleri ekleyin ve kaynatın. Isıyı azaltın ve ara sıra karıştırarak 15 ila 20 dakika pişirin.

Servis yapmaya hazır olana kadar örtün ve bir kenara koyun. Biber soğudukça koyulaşır.

Gözlem:

Şili'nin biraz sulu olabileceğini fark edeceksiniz.

Koyulaştırmak için yaklaşık 1 bardak fasulyeyi çatalla ezin, biberin içine tekrar karıştırın ve istenilen kıvama gelinceye kadar pişirin.

Ertesi gün yeniden ısıtmak için, biberi sulandırmak için biraz kaynar su ekleyin ve düşük ateşte sık sık yeniden ısıtın.

24PARLAK CHOURIÇO

Chouriço Bombeiro

Bu başlangıç misafirleriniz için unutulmaz bir yemek pişirme deneyimi sağlayacaktır. Alevli chorizo çıtır altın rengi bir kabuk ve tuzlu bir tat sağlar. Chourico sosisi kuru olduğundan yeterince pişirmediğinizi düşünüyorsanız endişelenmeyin. Chourico sosisi kuru olduğundan yeterince pişirmediğinizi düşünüyorsanız endişelenmeyin. Taze baget ile servis yapın. 4-6 kişi için

1 bütün linguica veya chorizo

2 ila 4 ons. bütün alkol

1 adet fırına uygun derin kil kabı

Uzun şömine mumları

hazırlık

Chorizo'yu mutfak kağıdıyla durulayın ve kurulayın. 2 oz yerleştirin. bir fırın kabının dibindeki alkol.

Chorizo'da çapraz kesimler yapın ve bunları fırın tepsisine koyun.

Bir kibrit yakın ve alkolü yavaşça tutuşturun. Chorizo'yu çıtır çıtır olana kadar alevler arasında pişmeye bırakın.

Gözlem:

Dikkat: Alevlere dokunmayın. İyi havalandırılmış bir alanda pişirin.

İstenirse diğer tarafı da pişirmek için chorizo'yu çevirin.

Chorizo'yu yapmadan önce alevler sönerse işleme baştan başlayın.

Chorizoyu servis tabağına yerleştirin ve dilimleyerek servis yapın.

25SOĞANLI BİBERLİ IZGARA SARDALYA

Soğan gibi kavrulmuş sardalye

Sardalya, Portekiz'de ünlü morina balığı kadar popülerdir. Çoğu festival ve yaz pikniğinde sardalye yer alır. Portekiz sardalyası, Deniz Yönetim Konseyi tarafından Mavi Etiket ile ödüllendirilmiştir; bu, Portekiz'de sardalya balıkçılığının deniz kaynaklarının sürdürülebilirliğini dikkate aldığı anlamına gelir. Sardalyalar Portekiz kıyılarında avlanır, ancak en popüler sardalyalar Algarve'den gelir. Portimão, Algarve'de özellikle ağustos ayının ilk 10 günü Sardalya Festivali sırasında en lezzetli taze ızgara sardalyaları yiyebilirsiniz. 4-6 kişi için

2 pound taze veya dondurulmuş sardalye

1 büyük kırmızı biber (ikiye bölünmüş)

1 büyük yeşil biber (ikiye bölünmüş)

2 büyük soğan (büyük halkalar halinde kesilmiş)

2 büyük diş sarımsak (doğranmış)

¼ ila ½ bardak sızma zeytinyağı

deniz tuzu

biber

Izgara için taze veya dondurulmuş sardalye nasıl hazırlanır:

Sardalyalarınız donmuşsa, önce soğuk suyla yıkayıp, süzüp, üzerini iyi bir deniz tuzu tabakasıyla kaplayarak geniş bir kapta çözdürün.

Tuzu emmesi için yaklaşık 30 dakika oda sıcaklığında bırakın.

Hemen pişirmeyecekseniz kasedeki tüm sıvıyı boşaltın, üzerini örtün ve ızgaraya hazır olana kadar buzdolabında saklayın.

Taze sardalyanız varsa, üzerine deniz tuzu serpin ve ızgara yapmadan önce yaklaşık 5 dakika bekletin.

hazırlık

İlk önce biberleri ve soğanları pişirin:

Izgarayı maksimuma ısıtın. Soğanları ve biberleri tuz, karabiber ve biraz zeytinyağıyla ovalayın. Biberleri kabukları tamamen kömürleşene kadar ızgarada pişirin, ardından temiz bir kağıt öğle yemeği çantasına koyun. Soğanları daha sonra kullanmak üzere bir kenara koyun.

Izgara sardalye:

Sardalyaları buzdolabından çıkarın ve nemini boşaltın.

Kurutun ve orta ateşte hafifçe yağlanmış bir kömür veya gazlı ızgaraya yerleştirin.

Sardalyaları altın rengi ve hafif çıtır olana kadar, çatalla hafifçe çevirerek, kabuklarını kırmamaya dikkat ederek pişirin.

Kararmayı önlemek için sardalyaları açık ateşten uzak tutun.

Piştiğinde üzerini alüminyum folyo ile kapatıp sıcak fırında bir tepsiye yerleştirin.

Biber ve soğanın hazırlanışı:

Biberleri kese kağıdından çıkarın ve kabuğunu çıkarın. Cildin kolayca çıktığını fark edeceksiniz. Biberleri şeritler halinde kesin ve orta boy bir tavada soğanla karıştırın.

Sarımsak, zeytinyağı ve daha fazla tuz ve karabiber ekleyin. Karışımı biraz ısıtın.

Hizmet etmek:

Sıcak pişmiş sardalyaları geniş bir kasenin ortasına yerleştirin. Soğan ve biber sosuyla çevreleyin. Haşlanmış patates veya taze Portekiz ekmeği ile servis yapın.

26SARIMSAKLI POP SALATA

Toz salata

Bu hızlı meze, pişmiş ahtapottan arta kalanları değerlendirmenin harika bir yoludur. Sızma zeytinyağı sosuyla karıştırılan soğan, sarımsak ve maydanoz, her lokmada eşsiz bir lezzet katıyor. Baget veya sandviçle servis yapın. 2-4 kişi için

3 su bardağı pişmiş ahtapot (doğranmış)

1 çay kaşığı tuz

1 çay kaşığı biber

½ küçük soğan (doğranmış)

4 diş sarımsak (doğranmış)

2 yemek kaşığı taze maydanoz (doğranmış)

¼ bardak sızma zeytinyağı

¼ bardak beyaz şarap sirkesi

hazırlık

Tüm malzemeleri bir kaseye koyun. birleştirmek Servis yapmadan önce karışımın marine edilmesi için en az 15 dakika bekletin.

Baget ile servis yapın.

3 güne kadar servis yapın veya buzdolabında saklayın.

27PEYNİR VE YUMURTA SALATASI

Salata de Grao

Nohut ve yumurta çok popülerdir ve genellikle ana yemek, garnitür veya balık veya morina ile birlikte garnitür olarak servis edilir. Bu tarifte çıtır bir doku ve baharatlı bir tat veren salamura sebzeler kullanıyorum. Baget veya sandviçle servis yapın.
Hizmetler 2-3

2 kutu nohut

6 adet haşlanmış yumurta, dilimlenmiş

½ çay kaşığı tuz

½ çay kaşığı biber

½ küçük soğan (ince doğranmış)

2 veya 3 yemek kaşığı taze maydanoz (ince kıyılmış)

½ su bardağı salamura sebze (ince doğranmış) (isteğe bağlı)

¼ ila ½ bardak sızma zeytinyağı

¼ bardak beyaz sirke

hazırlık

Nohutları durulayın, süzün ve orta boy bir kaseye koyun. Yumurta hariç tüm malzemeleri karıştırın.

Gerekirse tadın ve daha fazla baharat ekleyin.

Karışımın tatları emmesi için en az 15 dakika bekletin. Üzerine dilimlenmiş yumurta koyun ve maydanozla süsleyin.

28AYRILMIŞ YUMURTA

Doldurulmuş yumurta

Tarifin adındaki "şeytan" kelimesi, başlangıçta yumurtaları baharatlamak için kullanılan hardal da dahil olmak üzere baharat kombinasyonunu ifade ediyordu. Yumurtalara baharatlı bir tat vermek için piri piri acı sosunu hardalla birlikte kullanıyorum. 24 önce

12 yumurta

½ bardak mayonez

1 çay kaşığı Dijon hardalı

¼ çay kaşığı tuz

¼ çay kaşığı biber

½ çay kaşığı piri piri veya acı sos (isteğe bağlı)

Süslemek için kırmızı biber

hazırlık

Yumurtaları orta boy bir tencereye koyun ve üzerini suyla örtün. 10 dakika kaynatın ve birkaç dakika tavada bırakın.

Süzün ve aynı tavaya üzerlerini kaplayacak kadar soğuk su ekleyin. Soğuması için 5 dakika bekletin.

Yumurtalara hafifçe vurun ve yumurtanın etrafındaki kabuğu kırın. Bu soyulmayı kolaylaştırır.

Yumurtaları dikkatlice uzunlamasına ikiye bölün ve servis tabağına yerleştirin.

Sarılarını çıkarın ve küçük bir kaseye koyun. Biber hariç tüm malzemeleri karıştırın. Gerekirse daha fazla baharat tadın ve ekleyin.

Gözlem:

2 güne kadar servis yapın veya buzdolabında saklayın

29PORTEKİZ UYGULAMASI TON BAĞLI SALATASI

Ton balıklı salata

Konserve balık ve deniz ürünleri mutfağımızda çok popülerdir. Portekiz'deki pek çok şehirde sardalya, ton balığı, ahtapot ve kalamar gibi konserve balık türlerinin satışına özel olarak ayrılmış mağazalar bulunmaktadır.

Bu yemek, haşlanmış patates ve haşlanmış yumurta ile ana yemek olarak servis edilebilir, ardından basit bir zeytinyağı ve sirke sosuyla tamamlanabilir. Hizmetler 2

1 kutu su veya zeytinyağında ton balığı

1 su bardağı doğranmış üzüm, kiraz veya diğer domates

¼ bardak soğan veya frenk soğanı (ince doğranmış)

Elbiseler:

1 yemek kaşığı zeytinyağı

1 yemek kaşığı beyaz şarap sirkesi

tatmak için tuz

zevkinize biber

Maydanoz gevreği

hazırlık

Domatesleri ikiye veya küçük parçalara bölün ve orta boy bir kaseye koyun.

Ton balığını süzün ve domateslere ekleyin.

Kalan malzemeleri küçük bir kaseye koyun ve tatların birleşmesi için kuvvetlice karıştırın.

Tüm malzemeleri küçük bir kaseye koyarak sosunu hazırlayın. iyice karıştırın

Sosu ton balığı ve domateslerin üzerine dökün ve hafifçe fırlatın.

Marul yatağında, ekmek veya haşlanmış patatesle servis yapın

Köpek kuyruğunu senin için değil ekmeğin için sallıyor.

-Portekiz atasözü

30COURIÇO EKMEK VE CHAVES TARZI HAM

Folar de Chaves

Folar'ın Portekiz mutfağı kültüründe uzun bir geleneği vardır. Genellikle yumurta açısından zengin ekmeğin içi çeşitli etlerle doldurulur; jambon, presunto, kurutulmuş domuz pastırması, salpicao ve chorizo; ancak pek çok çeşidi vardır ve her ailenin kendi tarifi vardır. Bu ekmek genellikle Paskalya'da yapılır ama aynı zamanda tüm yıl boyunca da oldukça popülerdir.

Bu "Folar de Chaves" tarifi annemden. Kökenini, geldiği yer olan Chaves'in kuzeydoğu Portekiz bölgelerinden almıştır. Saçlarıyla ünlüydü ve kimse onu kopyalayamıyordu. Hamuru hafif, havadar ve kabarcıklarla dolu olana kadar elle yoğurma şeklindeki gizli yöntemi, hafif ve nemli bir ekmek yarattı. Bugün Lisa ve ben, annemin her yıl Paskalya ve diğer aile kutlamaları ve bayramlarında bu ekmeği pişirme geleneğini onurlandırıyoruz. 2 orta boy somun yapar

12 jumbo kahverengi yumurta (oda sıcaklığında)

10 su bardağı elenmiş un

2 (6 oz) küp taze maya

1 bardak ılık su

1 yemek kaşığı tuz

1 paket tereyağı veya margarin (8 yemek kaşığı)

½ bardak zeytinyağı

4 bardak füme jambon (jambon yerine) 1/2 x 2 inçlik şeritler halinde kesilmiş

1 veya 2 chorizo veya bütün sosis

1 su bardağı kıyma (füme kürlenmiş pastırma) (istenirse)

hazırlık

Suyu, margarini ve zeytinyağını küçük bir tencerede kısık ateşte ısıtın. Margarin eriyince parmağınızla kontrol edin. Sıcak değil sıcak olmalı. Mayayı ekleyin ve karıştırarak çözünmesini sağlayın. Kenara.

Yumurtaları köpürene kadar çırpın ve bir kenara koyun.

Unu ve tuzu çok geniş bir karıştırma kabına eleyin. Unun ortasını havuz gibi açıp yumurta ve maya karışımını ekleyin. Hamur hafif ve havadar oluncaya kadar elle veya hamur kancasıyla en az 10 dakika yoğurun. Hamurda hava kabarcıkları olup olmadığına bakın.

Gözlem:

Hamur ekmek hamuru gibi kalın değil, ince ve çok elastik olacak. Eğer çok ince bulursanız 2 yemek kaşığı un ekleyip iyice karıştırın.

Ellerinizi zeytinyağıyla yağlayın ve hamurdan top oluşturun. Hamuru zeytinyağıyla yağlanmış ve un serpilmiş geniş bir kaseye koyun.

Hamurun ortasında onu "kutsamak" için bir çarpı işareti yapın. Plastik kağıtla örtün ve hacmi iki katına çıkana kadar yaklaşık 2 saat dinlenmeye bırakın.

Bu adım, tuz tercihlerinize bağlı olarak isteğe bağlıdır:

Chorizo'yu istenilen kalınlıkta dilimler halinde kesin. Eti kaynar suya koyun ve tuzunu gidermek için 2-3 dakika pişirin. Eti boşaltın, kurulayın ve soğumaya bırakın. Daha tuzlu ekmeği tercih ediyorsanız eti olduğu gibi kullanın.

Hamur kabardığında ellerinizi yağlayıp hafifçe unlayın ve hamuru tutacak kadar yağla hafif yağlanmış bir yüzeye dökün. Hamuru alacak kadar geniş, hafifçe yağlanmış ve unlanmış bir yüzeye çıkın.

Hamur hazır olunca ikiye bölün. Her bir parçayı, pizza hamurunu tutarken yaptığınız gibi, yırtmamaya dikkat ederek 12x16 inçlik bir dikdörtgene yuvarlayın.

Eti hamurun üzerine eşit şekilde yayın. Hamuru yavaşça bir somun haline getirmeye başlayın. Boşluklar oluşursa parmaklarınızla hamura bastırarak kapatın.

Folar'ı hafifçe unlanmış fırın tepsisine veya önceden oluşturulmuş kalıplara yerleştirin.

Hamuru pişirmeden önce 10 dakika dinlendirin.

Fırını 400 derece F'ye önceden ısıtın.

Yaklaşık 45 dakika 400°C'de pişirin, ardından ısıyı 350 dereceye düşürün. 15 dakika daha pişirin ve ateşi kapatın. Gerekirse daha uzun süre pişirin. Yaprak koyu altın renginde olmalıdır. Kesmeden önce soğumaya bırakın

Gözlem:

Bazı fırınların pişmesi daha uzun sürer. Parmak eklemlerinizle folyoya dokunarak pişip pişmediğini kontrol edin. İçi boş bir ses duymalısınız.

Daha küçük somunlar için 30 ila 45 dakika pişirin.

Buzdolabında saklayın.

Yaprağı kalın alüminyumla sararak ve ardından dondurucu torbalara koyarak da dondurabilirsiniz. Buzdolabında birkaç saat veya gece boyunca çözülür

.

31PORTEKİZ TATLI EKMEK

Pao Doce

Bu hafif ve havadar tatlı ekmek genellikle Noel ve Paskalya döneminde yapılır. Ayrıca tüm yıl boyunca kahvaltıda, öğünlerde ve hatta tatlı olarak da yenir. Bu ekmeği yapmak için birçok tarif çeşidi vardır; bazı tariflerde lezzeti arttırmak için kuru üzüm, limon kabuğu rendesi, rom veya viski kullanılır. Paskalya sırasında yapılan tatlı ekmeklere Folar de Pascoa adı verilir; burada doğurganlığı ve İsa'nın yeniden doğuşunu simgelemek için genellikle hamurun içine katı haşlanmış yumurta pişirilir.

Yaklaşık 2 büyük somun veya 24 küçük somun yapar

6 ila 7 bardak un

2 buçuk paket aktif kuru maya

1 bardak ılık süt

1 dal margarin

1 yemek kaşığı tuz

4 adet jumbo yumurta

1 bardak şeker

1 yemek kaşığı (viski – aguardente) (veya limon aromalı ekmek istiyorsanız limon kabuğu rendesi)

¼ bardak ılık su

¼ çay kaşığı şeker

hazırlık

Sütü ısıtın ama yakmayın. Ocaktan alıp margarini ekleyip eriyene kadar karıştırın. Şekeri, tuzu ekleyip karıştırın. Soğuması için geniş bir kaseye koyun.

Bu arada, mayayı ¼ bardak ılık su ve ¼ çay kaşığı şekerle karıştırarak bir maya başlangıç malzemesi hazırlayın. Çözünene kadar karıştırın ve kabarcıkların oluştuğunu görene kadar bekletin.

Yumurtaları birkaç dakika çırpın ve ardından süte ekleyin. Mayayı viskiyle birlikte süte ekleyin ve 2 dakika çırpın.

Unu bir araya gelinceye kadar her seferinde 1 bardak eklemeye başlayın. Yaklaşık 10 dakika yoğurmak için hamur kancalarını veya ellerinizi kullanın.

Hamur çok ipeksi, pürüzsüz ve hafif yapışkan olmalıdır. Hamurun yapışkan olduğunu düşünüyorsanız daha fazla un ekleyin.

Hamuru mikserden çıkarın, unlu bir yüzeye koyun ve hamur pürüzsüz hale gelinceye kadar yaklaşık 5 dakika yoğurun.

Hamuru büyük, unlu bir kaseye koyun ve üzerini streç film ve sıcak bir çay havluyla örtün.

Sıcak bir yerde 2 ila 3 saat veya iki katına çıkana kadar mayalanmaya bırakın.

Hamur iki katına çıkınca yoğurun ve 30 dakika daha dinlendirin. Hamurunuzu unlanmış bir yüzeye koyun ve ekmeğinize örgü, somun veya mini çörek şekli verin.

Hamuru bir saat daha mayalanmaya bırakın.

Fırını 325 derece F'ye önceden ısıtın.

Ekmeğin üstünü yumurta sarısıyla fırçalayın ve 30 dakika pişirin. 30 dakika sonra ısıyı 300 dereceye düşürün ve ekmeğin altın rengi karamel rengi alana kadar 30 dakika daha pişmesini bekleyin.

Gözlem:

2 küçük somun yapmak istiyorsanız bunları yaklaşık 45 dakika pişirin.

Mini sandviçler daha kısa sürede, yaklaşık 45 dakikada pişer.

Fırın sıcaklıkları değişiklik gösterebilir, lütfen buna göre ayarlayın.

32ARTISAN BLAÇA EKMEK

kardeşim

Bu çok popüler mısır ekmeği, kuzey Portekiz'in Tras os Montes bölgesinden çıkmıştır. Bu ekmeği yapmanın en sıra dışı yanı, normal unu eklemeden önce mısır ununu önceden pişirmek için sıcak su kullanmanızdır. Buna polentanın pişirilmesine benzer şekilde mısır ununun önceden jelatinleştirilmesi denir.

Bu ekmek ızgara sardalya, kurutulmuş et ve Portekiz peynirleriyle mükemmel uyum sağlar. Bu ekmeği memleketim Portekiz'de presunto de Tras os Montes ile yediğime dair güzel anılarım var. 1 somun yapar

3 ve 3/4 bardak beyaz veya sarı mısır unu (mısır unu değil)

3 su bardağı çok amaçlı un

3 bardak kaynar su

1 yemek kaşığı eritilmiş tereyağı

2 çay kaşığı şeker

2 çay kaşığı tuz

Maya Başlatıcı:

¼ bardak ılık su

½ çay kaşığı şeker

2 çay kaşığı pudra şekeri

1 yemek kaşığı un

hazırlık

Gözlem:

İlk olarak, tüm malzemeleri karıştırıp maya köpürene kadar birkaç dakika bekleterek maya başlangıç maddesini hazırlayın.

Mısır ununu bir kaseye alıp üzerine kaynar su, tereyağı, şeker ve tuzu ekleyin. Hamur işlenecek kadar soğuduğunda hamur kancasıyla veya ellerinizle iyice karıştırın. Bu mısır unu pişirme işlemini başlatacaktır.

Hamuru 10 dakika kadar dinlendirdikten sonra normal unu ekleyin. Maya karışımını ekleyin ve hamur pürüzsüz ve top haline gelinceye kadar yoğurun.

Hamuru unlanmış bir yüzeye koyun, top haline getirin, yağlanmış yuvarlak bir tavaya koyun ve üzerine bir avuç mısır unu serpin. Yaklaşık 1 saat kadar hamurun hacmini ikiye katlayın. Hamurda çatlakların oluştuğunu fark edeceksiniz ancak bu, ona geleneksel bir görünüm kazandırır.

Bu arada fırını 450 derece F'ye önceden ısıtın.

Kabuk koyu altın kahverengi olana kadar yaklaşık 30 ila 45 dakika pişirin.

Ekmeğin pişip pişmediğini kontrol etmek için parmak eklemlerinizle ekmeğe hafifçe vurun ve kutsal bir ses duyun. Sıcaklıklar değişebileceğinden fırınınıza bağlı olarak ekmeği daha uzun süre pişirmeniz gerekebilir.

Dilimlemeden önce ekmeği soğumaya bırakın. Ekmek çok çıtır olacak. Daha yumuşak bir kabuk istiyorsanız, soğutulmuş ekmeği birkaç dakika boyunca gıdaya uygun bir plastik torbaya koyun.

33PORTEKİZ RULOLARI

Papos Secos

Portekiz'in farklı bölgelerinin favori ekmekleri vardır, ancak Papo Seco birçok evde en popüler ekmektir ve Portekiz yemekleri sunan her restoranın temel gıdasıdır.

Rulolar, çorba ve soslara batırılmış veya tereyağıyla servis edilen sandviçler için mükemmel bir kaptır. İnsanlar sıklıkla bende "papo seco" olduğunu söylerler, bu da kelimenin tam anlamıyla "boğaz kuruluğu" anlamına gelir ve bir şeyler içmeye ihtiyaç duyduklarını gösterir. Bu tarif Leonor Santos'un bana verdiği tariften uyarlanmıştır. Yaklaşık 2 düzine rulo yapar

10 1/2 su bardağı çok amaçlı un (artı yoğurma için daha fazlası)

1 ve 1/4 kaşık tuz

1 ve 1/4 kaşık şeker

2 paket aktif kuru maya

3 yemek kaşığı margarin (eritilmiş)

3 bardak ılık su

hazırlık

Geniş bir kapta su, şeker, tuz ve mayayı birleştirin ve iyice karıştırın.

Unu mayaya ekleyin ve elle veya hamur kancasıyla karıştırın. Pürüzsüz bir hamur top haline gelinceye kadar karıştırmaya devam edin.

Hamuru yağlanmış ve unlanmış bir kaba koyun. Hamur hacmi iki katına çıkana kadar üzerini örtün ve ılık bir yere koyun.

Hamur kabarınca ekmek toplarına şekil verin, ortasına elinizle girinti yapın ve yağlanmış düz bir tavaya dizin.

Un serpin, örtün ve unlanmış bir fırın tepsisine yerleştirin. Yaklaşık 60 dakika boyunca ruloların boyutunun iki katına çıkmasına izin verin.

375 derece F'de altın kahverengi olana kadar yaklaşık 30 ila 45 dakika pişirin

34CHOURIÇO EKMEK

Chorizo Ekmeği

Bu ekmeği partiler, piknikler, oyun geceleri veya atıştırmalıklar için çok sık yapıyorum. Ailem bunu çok seviyor ve yaptığımda ön kapıdan girer girmez aromayı tanıyorlar. Çift parti yapmanızı öneririm çünkü bu ekmek siz farkına bile varmadan tükenecek. 1 büyük somun veya 2 küçük somun olur

1 büyük chorizo veya linguica (¼ inç halinde kesilmiş)

2 büyük soğan (ince dilimlenmiş)

1 büyük kırmızı biber (ince dilimlenmiş)

2 yemek kaşığı zeytinyağı

Önceki sayfada 2 kiloluk pizza hamuru veya Papo Seco tarifi

En sevdiğiniz rendelenmiş peynirden 1 paket (16 oz.) (istenirse)

hazırlık

Pizza hamurunuzu geniş bir kaseye koyun ve hacmi iki katına çıkana kadar yaklaşık 30 dakika ila 1 saat kadar mayalanmaya bırakın.

Fırını 400 derece F'ye önceden ısıtın.

Geniş bir tavada soğanı ve biberi zeytinyağında altın rengi olana kadar kavurun. Sosisleri ekleyin ve yaklaşık 1 dakika kızartın.

Bu arada pizza hamurunu istediğiniz uzunlukta açın. 1 büyük veya 2 orta boy somun yapabilirsiniz. Chorizo ve soğan karışımını hamurun üzerine eşit şekilde dağıtın. İstenirse bu noktada peynir ekleyin.

Hamuru dikkatlice uzun bir somun haline getirin ve somunun kenarlarını altına sıkıştırın. Fırınınıza bağlı olarak yaklaşık 20 dakika veya altın rengi oluncaya kadar pişirin. Ekmeğe hafifçe vurun ve içi boş bir ses duyun. Bu noktada ekmek hazır olacaktır. Kesmeden önce soğumaya bırakın.

35 EV YAPIMI EKMEK

Ev yapımı ekmek

Bu tarif yakın arkadaşım Miguel Carvalho'dan uyarlanmıştır. Portekiz'in Alentejo bölgesinden gelen tarifinde, ekmeğe tatlı bir tat vermek için portakal suyu kullanılıyor. Bu ekmeği ilk yaptığımda neredeyse kendim yiyordum çünkü çok güzeldi, o yüzden bizi izlemeye devam edin!

2 orta boy somun yapar

7 su bardağı un

2 çay kaşığı deniz tuzu

2 paket (her biri 2 ½ çay kaşığı) aktif kuru maya

1 çay kaşığı şeker

½ su bardağı portakal suyu

½ bardak süt

2 buçuk su bardağı sıcak su

hazırlık

Tuzu suda eritin. Unu geniş bir kaseye alıp maya, şeker, süt, portakal suyu ve tuzlu suyu ekleyin.

Pürüzsüz bir hamur elde edinceye kadar tüm malzemeleri tahta kaşıkla karıştırın veya hamur kancalı bir stand mikseri veya hamur döngüsünde bir ekmek makinesi de kullanabilirsiniz. Hamur hala çok yumuşaksa biraz daha un ekleyin.

Kaseyi sıcak bir bezle örtün ve en az bir saat veya boyutu iki katına çıkana kadar dinlendirin. Ellerinizi unlayın ve hamuru unlu bir yüzeye yerleştirin. Hamuru birkaç dakika yoğurup 2 parçaya bölün.

Fırını 400 derece F'ye önceden ısıtın.

Hamurdan yuvarlak bezeler yapın ve hafif unlanmış fırın tepsisine dizin. Hamuru 15 dakika dinlenmeye bırakın.

Yaklaşık 30 ila 40 dakika veya koyu altın rengi bir kabuk oluşana kadar pişirin. Ekmeğe parmak eklemlerinizle hafifçe vurun, böylece ekmeğin içi boş gibi görünür.

Kesmeden önce soğutun.

36BİBERİYELİ SARIMSAKLI YASTIK EKMEK

Broa de Alecrim

Memleketimde yassı ekmeğe genellikle "Bica" denir. Bu pideyi yaptığımda ailemin memleketi, köy ekmeğimizin Roma döneminde inşa edilmiş bir halk fırınında yapıldığı anılar aklıma geliyor.

Bir erkek bölge sakini haftada iki kez topluluk için ekmek pişirmek üzere odun fırınını hazırladı. O günlerde her aile sabah erkenden mayalı hamurunu fırında pişmeye hazır hale getirirdi. Hizmetlerinin karşılığı olarak her aile fırıncıya pişmiş ekmeğin bir kısmını verirdi.

1 büyük somun veya 2 küçük somun olur

5 su bardağı ve ½ un

1 ve ¾ su bardağı ılık su

¼ bardak zeytinyağı

1 paket (2 ve ½ çay kaşığı) maya

1 yemek kaşığı tuz

1 kaşık şeker

şunları kapsar:

2 diş sarımsak

¼ bardak zeytinyağı

2 veya 3 çay kaşığı biberiye (doğranmış)

1 yemek kaşığı deniz tuzu

hazırlık

İlk önce mayayı başlatıcıyı hazırlayın:

Mayayı, ılık suyu, tuzu ve şekeri küçük bir kaseye koyun. İyice karıştırın ve kabarcıklar oluşana kadar yaklaşık 5 dakika bekletin.

Unu geniş bir kaseye koyun. Ortasına ¼ bardak zeytinyağı ve maya karışımını ekleyin ve yuvarlak bir top oluşana kadar hamur kancalarıyla karıştırın. Hamur çok yapışkansa biraz un ekleyin.

Hamuru kaseden alıp yaklaşık 5 dakika yoğurun. Unlu bir kaseye koyun, plastik ambalajla ve sıcak bir havluyla örtün. Sıcak bir yerde 1 saat veya boyutu iki katına çıkana kadar bekletin.

Diğer ¼ bardak zeytinyağını ve sarımsağı küçük bir kasede karıştırın ve hamur kabarıncaya kadar bir kenara koyun.

Büyük bir fırın tepsisini biraz zeytinyağıyla fırçalayın.

Mayalı hamuru fırın tepsisine yayın. Hamuru tavaya yaymak için parmaklarınızı kullanın ve oluklar oluşturmak için parmaklarınızı sokun. Bir kat zeytinyağıyla kaplayın. Focaccia'yı ılık bir yerde yaklaşık 1 saat iki katına çıkana kadar bir kenara koyun.

Fırını 425 derece F'ye önceden ısıtın.

Hamur kabarınca kalan zeytinyağı ve sarımsağı hamurun üzerine sürün, üzerine biberiye ve deniz tuzu serpin.

37PORTEKİZ PİRİNCİ

Portekiz pirinci

Pirinç, mutfağımızın temel malzemelerinden biridir ve ilk olarak Araplar tarafından İber Yarımadası'na getirilmiştir. Pirinç ekimine ilişkin ilk yazılı referanslar Kral Dom Dinis'in hükümdarlığı sırasında ortaya çıktı, ancak o dönemde pirinç esas olarak zenginler tarafından yeniyordu. Babama kraldan dolayı Dinis adı verilmişti, belki de bu yüzden pirinci bu kadar çok seviyordu! Bana ilk kez ben genç bir kız öğrenciyken pilav pişirmeyi öğretmişti. Bana yumuşak pirincin sırrının, onu tavada kızartma yöntemini kullanarak pişirmek olduğunu öğretti. Pirinci sıcak zeytinyağıyla fırçalayın ve kaynar suyu veya suyu eklemeden önce hafifçe kızartın.

Hizmetler 6-8

2 su bardağı pişmemiş uzun taneli pirinç

1 küçük soğan (ince doğranmış)

2 yemek kaşığı zeytinyağı

1 küp tavuk suyu veya (1 su bardağı tavuk suyu ama suyunu 1 su bardağı azaltın)

4 bardak kaynar su

1 çay kaşığı tuz

¼ çay kaşığı kırmızı biber veya 1 yemek kaşığı domates sosu
(isteğe bağlı)

hazırlık

Orta ağır bir tencerede veya orta ateşte derin bir tavada, soğanları
zeytinyağında hafifçe kızarana kadar yaklaşık 1 ila 2 dakika
soteleyin.

Pirinci soğan ve zeytinyağı karışımına ekleyin ve yağla kaplanana
kadar birkaç dakika soteleyin. Kaynar suyu, kırmızı biberi, et
suyunu ve tuzu ekleyip karıştırın.

Pirinci tekrar kaynatın ve ısıyı orta seviyeye indirin. Karıştırın,
tavanın kapağını kapatın ve 15 dakika pişmeye bırakın.

15 dakika sonra tavayı tavadan çıkarın, pirinci karıştırın, tadına
bakın ve isterseniz daha fazla tuz ekleyin.

Isıyı kapatın, kapağını kapatın ve servise hazır olana kadar tavayı
ocaktan alın.

Pirinç piramidi nasıl yapılır:

Küçük bir tabağı veya bardağı hafifçe yağlayın. Pirinci kaseye veya
bardağa yerleştirin ve sıkıca bastırın. Servis tabağına pilavı ters
çevirin. Pirincin kabuğa yapıştığını fark ederseniz, her piramidi
oluşturmadan önce tekrar fırçalayın.

Gözlem:

Ben pirinci daha sıkı seviyorum, isterseniz daha uzun süre pişirin.

Pirinç pişmeye başladıktan sonra asla soğuk su eklemeyin; bu,
pirincin yapışmasına ve sertleşmesine neden olur.

38BROKOLİ RABE PİRİNÇ

Grelos pirinci

Önceki sayfada yer alan temel pirinç tarifinin hazırlanması kolaydır. Pirinçte değişiklik yapmak için brokoli rabe, brokoli, karnabahar ve hatta bezelye ve havuç gibi sebzeleri pirincin pişirilmesinden birkaç dakika önce ekleyin. Hizmetler 6-8

1 küçük demet brokoli rabe (yıkanmış ve doğranmış)

2 su bardağı uzun taneli pirinç

3 yemek kaşığı zeytinyağı

1 küçük soğan (ince doğranmış)

2 diş sarımsak (doğranmış)

1 defne yaprağı

4 bardak kaynar su

1 çay kaşığı tuz

hazırlık

Acıyı azaltmak için brokoliyi kaynar suda yaklaşık 5 dakika haşlayın. boşaltmak

Kalın dipli bir tavada soğanı, sarımsağı ve defne yaprağını zeytinyağında, soğan yarı saydam oluncaya kadar birkaç dakika kızartın.

Suyu ve tuzu ekleyip kaynamaya bırakın.

Pirinç ve brokoliyi ekleyin. Kaynatın, kapağını kapatın ve ara sıra karıştırarak orta ateşte 15 dakika pişirin.

Ateşten alın, karıştırın, pirincin pişip pişmediğini görmek için tadına bakın ve fazla nemi emmesi için pirinci birkaç dakika kapalı bırakın.

Servis yapmadan önce çatalla hafifçe gevşetin.

39MONTEJA VERDA'DAN ARS PORTEKİZ STİLİ

Yeşil Fasulye Pilavı

Bu tarifte her türlü yeşil fasulyeyi kullanabilirsiniz. Pirinç et, kümes hayvanları veya balıkla iyi gider.

Hizmetler 6-8

2 su bardağı taze veya dondurulmuş yeşil fasulye

2 su bardağı uzun taneli pirinç

½ küçük soğan (ince doğranmış)

1 küçük çok olgun domates (çekirdeksiz)

2 yemek kaşığı zeytinyağı

2 su bardağı tavuk veya sebze suyu

2 bardak kaynar su

1 çay kaşığı tuz

hazırlık

Soğanı orta ateşte, zeytinyağıyla birlikte orta tabanlı bir tencerede şeffaflaşana kadar soteleyin.

Domatesi ekleyin, yaklaşık 1 dakika pişirin ve kaşık veya çatalla ezin.

Suyu ve suyu ekleyip kaynatın.

Pirinç ve tuzu ekleyin. Kapağını kapatıp orta ateşte 10 dakika pişirin.

Pirincin üzerini kapatıp yeşil fasulyeyi ekleyin. Karıştırın, örtün ve orta ateşte 10 dakika daha pişirin. Ara sıra karıştır.

Pirincin sıvıya ihtiyacı olduğunu düşünüyorsanız, pirinç istediğiniz kıvamda pişene kadar sadece ½ bardak kaynar su veya et suyu ekleyin.

40PEYNİRLİ PİLAV

Grao'lu pilav

Nohut bu pirince cevizli bir çıtırlık katıyor. Balık veya etin yanına çok yakışacaktır.

Hizmetler 6-8

2 bardak pirinç

4 bardak kaynar su

1 küçük soğan (doğranmış)

2 yemek kaşığı zeytinyağı

1 yemek kaşığı domates sosu

1 çay kaşığı tuz

1 küçük kutu nohut (süzülmüş ve durulanmış)

1 çay kaşığı maydanoz (ince kıyılmış) (isteğe bağlı)

hazırlık

Orta boy bir tencerede, orta ateşte, soğanı zeytinyağında şeffaflaşana kadar soteleyin.

Pirinci ekleyin ve zeytinyağıyla kaplayacak şekilde karıştırın. Pirinci orta ateşte yaklaşık 2 dakika kadar kızartın.

Suyu, domates sosunu ve tuzu ekleyip kaynamaya bırakın. Isıyı en aza indirin, karıştırın ve örtün.

Pirinci orta ateşte birkaç kez karıştırarak 15 ila 20 dakika pişmeye bırakın.

Pirinç pişince süzülmüş nohutları ekleyin, karıştırın, tavanın kapağını kapatın ve servise hazır olana kadar pirinci dinlendirin.

41DOMATESLİ PİLAV

Domatesli Pilav

Bu pirinç tarifi en popüler olanıdır. Fırında balık filetolarıyla mükemmel bir kombinasyon olduğu gibi ızgara veya kavrulmuş etlerinizle de servis edilebilir.

Hizmetler 6-8

1 küçük soğan (ince doğranmış)

1 diş sarımsak (doğranmış)

2 yemek kaşığı zeytinyağı

1 defne yaprağı

1 su bardağı ezilmiş olgun domates

2 bardak pirinç

4 bardak kaynar su

1 küp tavuk suyu (isteğe bağlı)

Süslemek için maydanoz

hazırlık

Orta boy bir tencerede soğanı, sarımsağı ve defne yaprağını zeytinyağında orta ateşte yaklaşık 2 dakika soteleyin. Domatesi ekleyip koyulaşıp koyulaşana kadar pişirin. Domatesleri patates ezici veya çatalla ezin. Eğer iri domatesleri seviyorsanız, onları olduğu gibi bırakın.

Pirinci, tuzu, bir tutam şekeri, et suyunu ve kaynar suyu ekleyin. Pirinci ekleyin, kapağını kapatın ve orta ateşte birkaç kez karıştırarak yaklaşık 15 ila 20 dakika pişirin.

Ateşten alın ve servis zamanına kadar bir kenara koyun.

Gözlem:

Daha fazla domatesli pilav istiyorsanız daha fazla domates ekleyin.

42PORTEKİZ UYGULAMASI PATATES

Pişmiş Tatlı Patatesler

Mükemmel patates kızartması yapmanın sırrı, onları iyi bir zeytinyağıyla ovalayıp ardından tuz ve tereyağını eklemektir. Patateslere tatlı ve tuzlu bir tat veren soğanı da ekliyorum. Daha sonra tavayı her 15 dakikada bir hafifçe sallayarak 400 derecede pişirin. Bunları ters çevirmek için bir spatula kullanın. Çok gevrek bir cilt elde etmek için daha uzun süre pişmelerine izin verin. Hizmetler 8-10

2 inçlik parçalar halinde kesilmiş 2 pound patates veya küçük yeni patatesler

1 küçük soğan (doğranmış)

1 çay kaşığı tuz

1 çay kaşığı sarımsak tozu

½ çay kaşığı biber

1 çay kaşığı kırmızı biber tozu

¼ paket margarin veya eritilmiş tereyağı

¼ bardak zeytinyağı

hazırlık

Tüm malzemeleri geniş bir kaseye koyun. Patatesleri kaplamak için iyice karıştırın.

Baharatlı patatesleri yağlanmış orta boy bir fırın tepsisine yerleştirin ve eşit şekilde dağıtmak için tavayı sallayın.

Yaklaşık 1 saat veya çatal yumuşayana kadar 400 F'de pişirin.

Gözlem:

Çıtır bir doku için patatesleri her 15 dakikada bir atın. Patatesleri çevirmek için çatal değil spatula kullanın.

43SIKIŞMIŞ PATATES

Tatlı patates ve Murro

Bu sarımsaklı patatesler lezzetli bir garnitürdür ve yapımı o kadar kolaydır ki bir daha asla patates soyamazsınız. Yıkayıp kurutun, zeytinyağı ve tuzla kaplayın ve ardından pişirin. Sarımsak yağını, yağı küçük bir tencereye veya mikrodalgaya dayanıklı bir tabağa koyarak, bir veya iki dakika kaynatıp, ardından yağı pişmiş patateslerin üzerine gezdirerek yapıyorum. Bu patatesler genellikle morina veya fırında balıkla servis edilir, ancak her türlü etle harika giderler.

Hizmetler 6-8

2 pound küçük yuvarlak patates (soyulmamış)

kaba tuz

4 ila 6 diş sarımsak (doğranmış)

½ ila 1 bardak zeytinyağı

hazırlık

Patatesleri yıkayıp soyun. Kusurları giderin ve kurutun. Çatalla birkaç yerinden delin.

Zeytinyağı sürün ve deniz tuzuyla ovalayın. Patatesleri küçük bir fırın tepsisine veya tavaya yerleştirin. Servis kolaylığı için masanın üzerinde bir pişirme kabı kullanıyorum.

Fırınınıza bağlı olarak 400F'de 45 dakika ila 1 saat pişirin.

Bu arada sarımsak yağı yapın:

Yağı küçük bir tencerede veya mikrodalgada ısıtın ve sarımsakları ekleyin. Sarımsak hafifçe kızarıncaya kadar bir veya iki dakika pişirin. Aşırı pişirmeyin, aksi takdirde sarımsak acılaşır.

Patateslerin pişip pişmediğini test etmek için çatalla delin veya fırın hortumunu tutarken patatese hafifçe bastırın. Patates yumuşak olmalı.

Patatesler hazır olduğunda, temiz bir mutfak havlusuna sarılı yumruğunuzla veya et tokmağıyla patlayana kadar dövün.

Gözlem:

Patatesler sıcaktır, dikkat!

Servis etmeye hazır olduğunuzda patatesleri yavaşça açın ve sıcak sarımsak yağının üzerine dökün.

.

44jambonlu patatesli omlet

Tatlı Patates ve Jambonlu Tortilla

Annemle babamla yaşadığımda, annemin babamın öğle yemeği için yaptığı omletlerden gelen presunto veya chorizo kokusuyla sabah altıda sık sık uyanırdım.

Torunları geldiğinde omletlere ekstra ince cipsler ekledi. Bu tortillalar, Avo'nun (büyükannesinin) evinde torunların en sevdiği öğle yemeği oldu.

Hizmetler 2-3

6 bütün yumurta

2 su bardağı patates kızartması veya ince dilimlenmiş fırınlanmış patates

2 dilim jambon veya ½ küçük doğranmış chorizo

¼ bardak soğan (ince doğranmış)

2 çay kaşığı taze maydanoz (doğranmış)

Zeytin yağı

Ezilmiş karabiber

Peynir (isteğe bağlı)

hazırlık

Büyük bir kapta yumurtaları köpürene kadar çırpın ve cips veya patatesleri ekleyin. Yumuşatmak için yaklaşık 5 dakika bekletin.

Bu arada soğanları ve presunto veya chorizo'yu 3 yemek kaşığı zeytinyağında yüksek ateşte çıtır çıtır olana kadar kızartın.

Yumurta ve patates karışımını tavaya ekleyin.

1 çay kaşığı maydanoz ekleyin.

Yapışmayı önlemek için tavayı sallayarak orta ateşte 3 ila 5 dakika pişirin.

Tavayı büyük bir fırın tepsisiyle örtün, tortillayı çiğ tarafı aşağı bakacak şekilde tavaya geri koyun ve 2 dakika daha pişirin.

İstenirse peynir ve maydanozla süsleyin.

45PORTEKİZ UYGULAMASI PATATES SALATASI

Rus salatası

Bu tarifi bana çok küçükken vaftiz annem öğretmişti. İlk denediğimde umursamadım çünkü içinde bezelye, havuç, yeşil fasulye ve "mayonez" denilen, hayatımda adını bile duymadığım bir şey vardı. Buna daha önce hiç duymadığı başka bir kelime olan "Rus Salatası" adını verdi. Bugün bu, yaz aylarında ailemin en sevdiği patates salatası haline geldi. Hizmetler 6-12

2 ½ pound soyulmuş veya soyulmamış patates (1 inç küpler halinde kesilmiş)

½ küçük soğan (ince doğranmış)

1 su bardağı taze veya dondurulmuş bezelye

1 su bardağı taze veya dondurulmuş havuç, 1/4 inçlik zarlar halinde kesilmiş

1 su bardağı taze veya dondurulmuş yeşil fasulye (isteğe bağlı)

1 yemek kaşığı kıyılmış maydanoz

2 çay kaşığı tuz

½ çay kaşığı biber

½ çay kaşığı sarımsak tozu

2 yemek kaşığı İtalyan salata sosu

½ **bardak mayonez**

½ **çay kaşığı kırmızı biber tozu**

6 adet haşlanmış yumurta (isteğe bağlı)

hazırlık

Patatesleri tuzlu suya koyup haşlamaya bırakın. 5 dakika sonra havuçları ve yeşil fasulyeleri ekleyin.

Sebzeleri tekrar kaynatın ve 5 dakika daha pişirin.

Piştiklerinden emin olmak için patateslerin üzerine delikler açın. Pişirmenin son 5 dakikasında bezelye ve soğanı ekleyin.

Patatesleri bir kevgir içine boşaltın ve soğumaya bırakın. Soğuyunca geniş bir kaseye alın.

Yumurta hariç diğer tüm malzemeleri karıştırın. Plastik bir spatula ile katlayın ve patatesleri kırmamak için yavaşça karıştırın.

Yumurtaları dörde bölün ve patateslere ekleyin.

Salatayı bir kaseye aktarın ve maydanoz ve biraz kırmızı biberle süsleyin.

Gözlem:

Buzdolabında 3 güne kadar saklayın.

46DOMATES YUMURTA VE PATATES SALATASI

Yumurtalı Domates ve Patates Salatası

Bu salatayı salata kasesinde hazırlamak kolaydır ve yoğun günleriniz için mükemmel bir garnitürdür. Yaz aylarında bu salatayı bahçemizde yetiştirdiğim Portekiz yadigarı domateslerle haftada en az bir kez yapıyorum. Her türlü ızgara et ve balıkla iyi gider ve ana yemek salatası olarak da servis edilebilir.

4-6 kişi için

6 adet olgun domates (kalın dilimlenmiş veya dörde bölünmüş)

6 adet haşlanmış yeni patates (2 inçlik küpler halinde kesilmiş)

6 adet haşlanmış yumurta (dörde bölünmüş)

1 küçük soğan (dilimlenmiş)

Zeytin (isteğe bağlı)

Elbiseler:

¼ bardak beyaz şarap sirkesi

¼ bardak zeytinyağı

tuzlu

biber

2 yemek kaşığı maydanoz (doğranmış)

fesleğen (doğranmış)

hazırlık

Patatesleri, domatesleri ve yumurtaları geniş bir servis tabağına yerleştirin.

Sos malzemelerini kapaklı bir kavanoza veya bir kaseye koyun ve iyice karıştırın.

Salatayı süsleyin, hafifçe fırlatın ve servis yapın.

47Portekiz kabuklu kumaşı

Deniz ürünleri

Bu, yıllar önce Portekizli bir şeften öğrendiğim, ailemin en sevdiği balık yemeğidir. Malzemelerin ve baharatların kombinasyonu, taze deniz ürünleriyle mükemmel bir şekilde eşleşerek zengin ve lezzetli bir et suyu oluşturur. Deniz ürünleri Portekiz pirinciyle mükemmel uyum sağlar.

2-4 kişi için

1 bütün pişmemiş ıstakoz (dörde bölünmüş)

1 kiloluk çiğ karides, soyulmuş ve ayrılmış

1 kiloluk istiridye veya küçük boyunlu istiridye (yıkanmış)

½ kilo deniz tarağı

Yarım kilo kalamar (halkalar halinde kesilmiş)

1 küçük soğan (ince doğranmış)

2 diş sarımsak (doğranmış)

¼ bardak zeytinyağı

1 bardak Vinho Verde veya beyaz şarap

1 çay kaşığı tuz

1 çay kaşığı kırmızı biber tozu

1 su bardağı tavuk suyu

2 yemek kaşığı tereyağı

2 yemek kaşığı kıyılmış kişniş (dekorasyon)

Limon suyunu sıkın

Bir tutam acı sos (istenirse)

hazırlık

Soğanları ve sarımsakları zeytinyağında büyük, ağır bir tavada orta ateşte bir dakika soteleyin. Istakozu ekleyin ve birkaç dakika pişirin. İstiridyeleri, şarabı, kırmızı biberi, tuzu, et suyunu ve karabiberi ekleyin, kapağını kapatın ve 5 dakika pişirin.

Tavuk suyunu, karidesleri ve tarakları ekleyin, kapağını kapatın ve orta ateşte 5 dakika daha veya istiridyeler açılıncaya kadar pişirin.

Tereyağını ekleyin ve tereyağının sosu koyulaştırması için 5 dakika daha pişirin.

Tuzluluğu tadın ve isterseniz acı sos veya daha fazla baharat ekleyin.

Servis yapmadan önce ince kıyılmış kişnişi ekleyin ve üzerine bir miktar limon suyu serpin.

Pirinçle servis yapın.

48 PORTEKİZ TARZINDA PİŞİRİLMİŞ KARİDES

Camarao Dolması

Yıllar önce Portekizli bir şeften öğrendiğim bu Fırında Doldurulmuş Karides tarifi ailemde yıllar boyu aktarıldı. Portekiz çöreği harika bir doku ve lezzet veren dolgunun temelini oluşturur. Balık, tavuk ve hatta mantar veya kabak gibi sebzeleri doldurmak için mükemmeldir.

Bu tarifi yaptıktan sonra eski kuru papo'yu bir daha asla atmayacaksınız. Eski çörekleri daha sonra yapmak üzere dondurucu torbalara koyun. Doldurma gerçekten iyi donuyor, bu yüzden çift parti yapmanızı ve bir dahaki sefere yaptığınızda yarısını dondurucu torbalarda dondurmanızı öneririm.

4-6 kişi için

2 pound ekstra büyük karides (pound başına 10 ila 12) (soyulmuş ve kuyruklu olarak tasarlanmış)

3 papo seco rulosu (tercihen bir günlük)

15 Ritz kraker veya başka bir marka tereyağlı kraker

1 paket sarımsaklı kruton

½ bardak kereviz (ince doğranmış)

½ su bardağı soğan (ince doğranmış)

3 yemek kaşığı zeytinyağı

½ çubuk (4 yemek kaşığı) eritilmiş tereyağı

1 pound küçük veya orta boy çiğ karides (soyulmuş ve ayrılmış)

¼ bardak beyaz şarap

1 çay kaşığı kırmızı biber tozu

½ çay kaşığı sarımsak tozu

½ çay kaşığı tuz

1 küçük parça tavuk suyu

2 yemek kaşığı maydanoz (ince kıyılmış)

hazırlık

Karides hazırlanışı:

Küçük ve büyük karidesleri soyun ve ayrı kaselere koyun. Kabukları saklayın.

İstiridyeleri 3 bardak su ve biraz tuzla yaklaşık 8 dakika haşlayın. Et suyunu geniş bir kaseye süzün ve soğumaya bırakın. Kabukları atın.

Küçük bir tavada soğanı ve kerevizi zeytinyağında orta ateşte şeffaflaşana kadar 5 dakika soteleyin.

Delikli bir kaşıkla soğanları ve kerevizleri çıkarın ve tavada biraz zeytinyağı bırakın. Soğan karışımını küçük bir kapta soğumaya bırakın.

Kalan zeytinyağıyla aynı tavaya küçük karidesleri, et suyunu, sarımsağı, tuzu ve kırmızı biberi ekleyin.

Karidesler hafif pembeleşene kadar 1 dakika pişirin. Şarabı ekleyin ve şarap azalıncaya kadar 3 dakika daha pişirin.

Tavayı ocaktan alın ve ekmek dolgusunu hazırlarken karides karışımının soğumasını bekleyin.

Doldurmayı hazırlayın:

Ekmeği küçük parçalar halinde kesin ve karides suyunun bulunduğu kaseye ekleyin.

Ekmeği parmaklarınızla veya çatalla topak kalmayıncaya kadar
ezin. Ekmeğin hamur gibi ıslak hamur kıvamında olması gerekir.
Ekmeği çok kuru bulursanız et suyu veya su ekleyin. Ekmeğin
nemi emmesine izin verin.

Kurabiyeleri elinizle ufalayıp ekmeğin üzerine ekleyin. Soğutulmuş
soğanları ve kerevizleri ekleyin. Doldurma nemli olacaktır, ancak
çok akıcı görünüyorsa daha fazla ekmek veya kraker ekleyin.

Karides ve maydanozu dolguya ekleyin ve iyice karıştırın. Tadına
bakın ve gerekirse daha fazla tuz ekleyin.

Karidesleri doldurmaya hazırlarken bir kenara koyun.

Karides montajı:

Büyük karidesleri, kelebek kesiminin kavisli ucunu dikkatlice
çıkarıp dilimleyerek hazırlayın.

Bir fırın tepsisini tereyağı veya margarinle yağlayın ve her kelebek
karidesini yüzü yukarı bakacak şekilde tavaya yerleştirin. Her
karidesin ortasına 1 çorba kaşığı veya daha fazla dolgu koyun.

Krutonları plastik kilitli bir torbaya koyun. Sıkıca kapatın ve hava
olmadığından emin olun. Krutonları çok ince kırıntılara ufalayın.
Bu yaklaşık 1 ½ bardak vermelidir.

Her karidesin üzerine 1 çay kaşığı veya daha fazla ufalanmış
kruton serpin. Kırıntı karışımının tamamını kullanmaktan
korkmayın.

"C" şeklini oluşturmak için kuyrukları yavaşça dolgunun üzerine
katlayın. Her karidesin üstüne bir çay kaşığı eritilmiş tereyağı
ekleyin.

Karidesler pembeye ve altın kahverengiye dönene kadar yaklaşık
15 ila 20 dakika 375 derece F'de pişirin. Karideslerin kurumaması
için hemen fırından çıkarın.

Servis yapmadan önce her karidesin üzerine daha fazla eritilmiş
tereyağı gezdirin.

Gözlem:

Servis etmeden önce karidesleri sıcak tutmak için fırında çok kısık ateşte bırakabilirsiniz. Çok yüksek ısıda kuruyabilecekleri için dikkatli olun.

Eski kurutulmuş papo'yu asla atmayın, sadece bu dolguyu daha sonra yapmak için dondurucu torbalara koyun.

Doldurmayı iki kat yapın ve dondurucuda saklanabilen plastik torbalarda veya kaselerde dondurun.

49PİDOLLU PİRİNÇLİ KARİDES

Camarao'dan pirinç

Bu tarif özel bir günde misafirlerinize ikram edebileceğiniz kadar güzel ama etsiz günlerinizde hızlı ve kolay bir tarif istediğinizde de yapabilirsiniz. Tatlı kırmızı biber ve beyaz şarap, karideslere lezzetli bir tat katıyor ve yumuşak pirinçle mükemmel bir şekilde eşleşiyor. Hizmetler 6-8

1 küçük soğan (ince doğranmış)

3 yemek kaşığı zeytinyağı

2 su bardağı uzun taneli pirinç

3 bardak kaynar su

1 su bardağı tavuk suyu

1 çay kaşığı tuz

1 su bardağı dondurulmuş tatlı bezelye

1 ila 2 pound orta çiğ soyulmuş karides

1 çay kaşığı kırmızı biber tozu

1 çay kaşığı beyaz şarap

Orta ağır bir tencerede, soğanın yarısını 2 yemek kaşığı zeytinyağında orta ateşte şeffaflaşana kadar soteleyin.

Pirinci ekleyin ve zeytinyağıyla kaplanması için yaklaşık 1 dakika karıştırarak kızartın. Kaynayan suyu, et suyunu, tuzu ve tavuk suyunu yavaş yavaş ekleyip karıştırın.

Pirinç kaynayınca kapağını kapatın ve ısıyı orta seviyeye düşürün.

Sadece bir veya iki kez karıştırarak 15 ila 20 dakika pişirin. Örtün ve ocaktan alın.

Karides ve bezelye hazırlanışı:

Küçük, çok yüksek bir tavada, kalan soğanı 1 yemek kaşığı zeytinyağında yarı saydam olana kadar soteleyin.

Karidesleri ekleyin ve yaklaşık 1 dakika veya karidesler pembeleşene kadar pişirin. Biberleri ve şarabı ekleyip 1 dakika daha pişirin. Bezelyeyi ekleyin, karıştırın ve 1 dakika pişirin.

Karides ve bezelyeleri pilavın içine karıştırıp servis yapın.

50DENİZ ÜRÜNLÜ PİRİNÇ

Deniz mahsullü pilav

Deniz ürünleri ve lezzetli baharatlarla pişirilip daha sonra pişirilen pirincin kombinasyonu, cevizli bir dokuya sahip çıtır bir üst katman oluşturur. Bu klasik yemek genellikle düğünlerde ve özel kutlamalarda servis edilir.

4-8 kişi için

1 taze bütün ıstakoz (kıyılmış)

1 pound pişmemiş orta boy karides (soyulmuş ve ayrılmış)

½ kilo deniz tarağı

1 pound küçük boyunlu tarak (yıkanmış)

1 kiloluk istiridye (yıkanmış ve temizlenmiş)

1 küçük soğan (ince doğranmış)

1 diş sarımsak (doğranmış)

1 su bardağı olgun domates (ezilmiş)

½ küçük kırmızı biber (ince doğranmış)

1 su bardağı çiğ bezelye

Bir tutam safran

1 çay kaşığı kırmızı biber tozu

1 çay kaşığı tuz

4 su bardağı tavuk suyu

2 su bardağı pişmemiş uzun taneli pirinç

½ bardak Vinho Verde veya beyaz şarap

Garnitür için kişniş (isteğe bağlı)

hazırlık

Fırını önceden 350 derece F'ye ısıtın. Soğanı, kırmızı biberi ve
sarımsağı, fırına dayanıklı büyük, derin bir tencerede veya güveç
kabında zeytinyağında soteleyin.

Istakoz parçalarını ekleyin ve birkaç dakika kızartın.

Şarabı, domatesi, kırmızı biberi ve tuzu ekleyin ve rengi azalana
kadar yaklaşık 5 dakika pişirin. Stoku ekleyin ve kaynatın.

Pirinci ve safranı ekleyin ve yüksek ateşte yaklaşık 5 dakika
karıştırarak pişirin. Gerekirse daha fazla baharat tadın ve ekleyin.

Tavayı ocaktan çıkarın.

Bezelyeyi karıştırın. Karidesleri, tarakları, istiridyeleri ve
istiridyeleri eşit şekilde pirincin üzerine batırın.

Pirinç ve deniz ürünleri iyice pişene ve istiridyeler açılana kadar
yaklaşık 30 dakika boyunca üstü açık pişirin.

51CHOURIÇO İLE CLOIXA

Ameijoas Chouriço gibi

Sörf ve çimin, baharatlı chorizo ve etli istiridyelerle birleşimi, acı bir sos oluşturur. Et suyuna daldırmak için baget ile servis yapın. Hizmetler 2

2 pound küçük boyunlu veya Manila istiridyeleri (yıkanmış ve temizlenmiş)

1 chorizo (¼ inç dilimler halinde kesilmiş)

½ küçük soğan (ince doğranmış)

2 diş sarımsak (doğranmış)

1 küçük çok olgun domates (ezilmiş)

2 yemek kaşığı zeytinyağı

½ bardak beyaz şarap

½ çay kaşığı piri piri veya acı sos (isteğe bağlı)

2 yemek kaşığı kişniş (ince doğranmış)

Limon suyunu sıkın

hazırlık

Orta boy bir tavada soğanları ve sarımsakları zeytinyağında şeffaflaşana kadar soteleyin. Chorizo'yu ekleyin ve yaklaşık 2 dakika kızartın.

Domates, şarap, acı sos ve midyeleri ekleyin. İstiridyeler açılıncaya kadar yaklaşık 5 ila 8 dakika kadar orta ateşte karıştırın, örtün ve pişirin.

Taze limon suyu sıkarak bitirin.

Servis yapmadan önce garnitür olarak kişniş ekleyin.

52COD À GOMES DE SA STİLİ

Gomes de Sa'daki morina balığı

Bu yemek Portekiz'in Porto şehrinden geliyor ve adını yaratıcısı Gomes de Sa'dan alıyor. Bu klasik, en popüler bacalhau tariflerinden biridir ve çoğu Portekiz restoranının menüsünde bulunabilir.

Bu arkadaşlarımın ve ailemin en çok talep ettiği yemeklerden biri. Bu klasik çoğunlukla Noel arifesinde Consoada yemeğinde ve birçok kutlamada servis edilir.

Hizmetler 6-10

2 kilo kemiksiz morina

4 pound küçük patates (soyulmuş ve 1 inç dilimler halinde kesilmiş)

2 büyük soğan

3 eldiven kıyılmış sarımsak

1 defne yaprağı

1 çay kaşığı tuz

1 çay kaşığı biber

1 bardak zeytinyağı

6 adet haşlanmış yumurta

1 su bardağı zeytin

2 çay kaşığı kıyılmış maydanoz

2 diş kıyılmış sarımsak veya 1 çay kaşığı sarımsak tozu

Soğanlar için ½ çay kaşığı tuz

hazırlık

Tuzlu morina nasıl rehidre edilir:

Eğer bütün morinanız varsa, onu 4 x 6 inçlik porsiyonlara bölün. Soğuk suyla durulayın ve üzeri kapalı, soğuk suyla dolu büyük bir tencerenin içinde 2 gün boyunca buzdolabında bekletin, tuzluluk gidene kadar suyu günde iki kez değiştirin.

Eğer morinanız çok kalınsa daha uzun süre suda bekletmeniz gerekebilir.

Tuzluluğu kontrol etmek için morinadan bir parça kesin ve tadına bakın. Tadı morina balığına benzemeli ama yine de biraz tuzlu olmalı.

Morina balığını 3 günden fazla suda bırakmayın, aksi takdirde unlu ve tatsız hale gelir.

Plastik torbalarda porsiyonlar halinde dondurun.

Morina ve patatesleri hazırlayın:

Soğuk suyla kaplı patatesleri geniş bir tencereye koyun. Tuz ekleyin, kaynatın ve 10 dakika pişirin.

Morina balığını kaynayan patateslerin üzerine koyun ve yaklaşık 8 dakika veya pul pul oluncaya kadar pişirin.

Morinayı tavadan çıkarın ve soğumaya bırakın.

Soğuduğunda tüm kemikleri çıkarın ve morinaları şeritler halinde kesin.

Patatesleri boşaltın ve soğumaya bırakın. Patatesleri yarım santimlik dilimler halinde kesin ve bir kenara koyun.

Soğanın hazırlanışı:

Büyük bir tavada doğranmış soğanı, sarımsağı, ½ çay kaşığı tuzu ve defne yaprağını ½ bardak zeytinyağında altın rengi oluncaya kadar soteleyin.

Defne yaprağını çıkarın ve soğanları birkaç dakika soğumaya bırakın.

Montajlama:

Geniş ve derin bir fırın tepsisini zeytinyağıyla yağlayın. Önce patatesleri, sonra morina pullarını ve son olarak da soğanları yerleştirin.

Her katmanın üzerine zeytinyağı ve karabiber serpin ve üstüne bir kat soğanla tamamlayın. Sarımsak seviyorsanız her katmana sarımsak tozu ekleyin.

Alüminyum folyoyla örtün ve 350 derece F'de yaklaşık 20 dakika pişirin.

İstenilen gevreklik elde edilene kadar 5 ila 10 dakika daha kapağı açık pişirin.

Tavayı fırından çıkarın.

Yumurtaları dilimleyin ve soğan tabakasının üzerine yerleştirin. Gerekirse daha fazla tuz, karabiber veya sarımsak ekleyin.

Servis yapmaya hazır oluncaya kadar güveci sıcak fırına koyun.

Servis yapmadan önce garnitür olarak maydanoz, biraz zeytinyağı ve zeytin ekleyin.

53Nohutlu morina

Grao ile morina

Nohutlu morina, yüzyıllardır morina yemenin en popüler yollarından biri olan otantik eski bir tariftir. Tarifte genellikle nohut yerine börülce kullanılır.

Hizmetler 2

1 pound kemiksiz morina (2 ila 8 onsluk kısımlara kesilmiş)

2 bardak su

1 dilim soğan

2 su bardağı pişmiş nohut

Sirke:

¼ bardak zeytinyağı

½ bardak beyaz şarap sirkesi

1 diş sarımsak (doğranmış)

¼ çay kaşığı tuz

¼ çay kaşığı karabiber

Garnitür:

2 yemek kaşığı maydanoz (doğranmış)

1 yemek kaşığı soğan (ince doğranmış)

Orta boy bir kapta, malzemeleri karıştırarak salata sosu hazırlayın ve bir kenara koyun.

Bu arada morina balığını yaklaşık 2 bardak su ve soğan dilimi ile dolu orta boy bir tencerede ısıtın. Yaklaşık 8 ila 10 dakika boyunca orta ateşte yavaşça pişmesine izin verin.

Morinayı tavadan çıkarın, süzün ve sıcak tutmak için üzerini örtün.

Nohutları kısık ateşte ısıtın. Süzün ve morinayla birlikte servis tabağına yerleştirin.

Salata sosunu üzerine döküp servis yapın.

İstenirse daha fazla zeytinyağı ve baharat ekleyin.

Garnitürü ekleyin.

54STİL KOL KODU

Brezilya'da Morina

Adını yaratıcısından alan bu tarif, yüzlerce yıl önce orta Portekiz'in kıyı bölgesindeki Extremadura'da (uzuvlar anlamına gelir) ortaya çıktı. Bu kıyı, bol miktarda balık tutan suları ve rekor kıran okyanus dalgaları yaratan sürekli rüzgarlarıyla tanınır.

Hizmetler 2

½ pound kemiksiz morina (ince doğranmış)

2 patates (soyulmuş ve küçük parçalar halinde kesilmiş)

3 yumurta

¼ bardak ince dilimlenmiş soğan

1 tane sarımsak

1 defne yaprağı

1 yemek kaşığı maydanoz (doğranmış)

Süslemek için zeytin

Tatmak için biber ve tuz

2 yemek kaşığı zeytinyağı

Patatesleri kızartmak için sıvı yağ

Patatesleri kızgın yağda kızartın ve bir kenara koyun.

Soğanı, sarımsağı ve defne yaprağını zeytinyağında şeffaflaşana kadar soteleyin.

Morinaları soğanların içine karıştırın ve yaklaşık 1 dakika pişirin. Defne yaprağını çıkarın. Yumurtaları ekleyip çok kısık ateşte hafif pişene kadar pişirin.

Patates şeritlerini ve maydanozu yavaşça yumurtalara katlayın.

Tadına göre tuz ve karabiber ekleyin. Zeytin ve maydanozla süsleyin.

55PATATES VE SOĞANLI Fırında Morina

Kavrulmuş Morina

Morina, patates ve zeytinyağı cennette yapılan bir uyumdur. Bu yemek en popüler bacalhau tariflerinden biridir ve geleneksel olarak Noel Arifesi akşam yemeğinde servis edilir. Bu kız kardeşim Isabel'in tarifi. 4-6 kişi için

4 porsiyon (6 ila 8 oz) kemikli morina

12 ila 20 küçük yuvarlak patates

2 büyük soğan (dilimlenmiş)

1 büyük biber

½ ila 1 bardak zeytinyağı

1 defne yaprağı

4 diş sarımsak (doğranmış)

Karabiber

2 çay kaşığı kıyılmış maydanoz

Süslemek için siyah zeytin

hazırlık

Fırını 400 derece F'ye önceden ısıtın.

Patatesleri yıkayıp kurulayın, dörde bölün ve 10 dakika kadar haşlayın. Drenaj yapın ve bir kenara koyun.

Büyük bir tavanın altını birkaç yemek kaşığı zeytinyağıyla kaplayın.

Morina balığını tavaya koyun ve etrafını patateslerle çevreleyin.

Morina balığını dilimlenmiş soğan, biber, sarımsak ve defne yaprağıyla karıştırın ve üzerine kalan zeytinyağını gezdirin. 35 dakika kaynatın.

Patatesleri pişecek şekilde delin. Tamamen pişmemişlerse morina balığını tavadan çıkarın ve patateslerin daha uzun süre pişmesine izin verin.

Servise hazır olunca siyah zeytin, tavadaki zeytinyağı ve maydanozla süsleyin.

56COD À ZÉ DO PIPO STİLİ

Ze do Pipo'daki morina

İsmini Porto kentine özgü olan bu yemek, yaratıcısı 1960'lı yıllarda bu kentte ünlü bir restoranın sahibi olan Zé do Pipo'dan adını almıştır. Şef bu tarifle ulusal bir yemek yarışmasını kazanmış ve o günden bu yana pek çok restoran bu tarifi yemek listesine dahil etmiştir. onların menüleri. 4-6 kişi için

1 pound morina (4 porsiyona bölünmüş)

8 büyük patates (soyulmuş ve dörde bölünmüş)

1 çay kaşığı tuz

½ bardak zeytinyağı

1 büyük soğan dilimlenmiş

1 diş doğranmış sarımsak

1 defne yaprağı

Morina balığını pişirmek için ¼ bardak un

2 yemek kaşığı tereyağı

1 bardak süt

1 yumurta sarısı

½ bardak mayonez

1 küçük közlenmiş kırmızı biber

Siyah zeytin

maydanoz

hazırlık

Patatesleri kaynar suda yaklaşık 25 dakika haşlayın. Ateşten alın, süzün ve süt, tereyağı, yumurta sarısı ve karabiberi ekleyin. Püre haline getirin ve bir kenara koyun.

Morina balığını una batırın ve zeytinyağında orta ateşte altın rengi olana kadar kızartın. Fazla yağı gidermek için bunları mutfak kağıdına yerleştirin.

Soğanları, sarımsakları ve defne yaprağını, balıkları kızartırken kullandığınız zeytinyağında, hafifçe kızarana kadar kızartın. Defne yaprağını çıkarın.

Morina porsiyonlarını fırına dayanıklı büyük bir güveç kabına veya tek tek kalıplara yerleştirin.

Morina balığını soğan karışımıyla fırçalayın ve patates püresiyle kaplayın. Her parçanın üzerine birkaç yemek kaşığı mayonez ve ardından bir dilim kırmızı biber ekleyin.

Mayonez altın kahverengiye dönene kadar 20 dakika boyunca 350 derece F'de pişirin.

Zeytin ve maydanozla süsleyin.

57İSPANYOL TARZI GÜÇLENDİRİCİ

Molho à Espanhola rolünde Cod

Annem bu tarifi, geceyi sık sık onun yatak ve kahvaltı evinde geçiren İspanyol sokak satıcılarından öğrenmişti. İspanyolca konuşmayı da onlardan öğrendi, bu da beni şaşırttı. Bu tarifte morina yerine herhangi bir lapa balığı kullanabilirsiniz, ancak balığı yalnızca pişirmenin son 5 dakikasında pirince ekleyin. 4-6 kişi için

1 pound kemiksiz morina

2 su bardağı uzun taneli pirinç

1 çay kaşığı tuz

2 yemek kaşığı zeytinyağı

1 küçük doğranmış soğan

1 küçük kırmızı biber (ince dilimlenmiş)

1 defne yaprağı

1 küçük yeşil biber (ince dilimlenmiş)

2 küçük olgun domates, ezilmiş

2 diş sarımsak (doğranmış)

2 çay kaşığı maydanoz (doğranmış)

tuzlu

biber

Siyah zeytin

hazırlık

Morina balığını 4 bardak kaynar suda 8 ila 10 dakika kadar pişirin. Suyu boşaltın, saklayın ve morinaları şeritler halinde kesip bir kenara koyun.

Soğanı, sarımsağı, dolmalık biberi ve defne yaprağını zeytinyağında orta boy bir tavada yarı saydam olana kadar yaklaşık 3 dakika soteleyin.

Domatesleri ve morinaları ekleyin ve orta ateşte 5 ila 8 dakika pişirin. Pirinç bitene kadar rezerve edin.

Pirincin hazırlanışı:

4 su bardağı suyu geniş bir tencereye koyun ve kaynatın. 1 çay kaşığı tuz ve pirinci ekleyin. Isıyı orta dereceye düşürün, kapağını kapatın ve 15 dakika pişirin.

Morina balığını pirince ekleyin ve karıştırmak için karıştırın. Aromalar emilene kadar yaklaşık 5 dakika pişirin.

Gerekirse tadın ve daha fazla baharat ekleyin.

Servis yapmadan önce maydanoz ve zeytin ile süsleyin.

58TAVADA KIZARTILMIŞ BALIK FİLETO

Balık filetosu

Portekiz, gelişmiş bir balıkçılık endüstrisine sahip, denizci bir ülkedir. Avrupa'da kişi başına en yüksek balık tüketimine sahip olup dünyada ilk dört arasında yer almaktadır. Bu tarif, Portekiz pirinciyle mükemmel bir şekilde eşleşen, limon aromalı, hafifçe dövülmüş, pişmiş bir balık yaratır. 4-6 kişi için

2 pound balık filetosu (tercihen morina veya mezgit balığı, ancak herhangi bir pul pul beyaz balık kullanabilirsiniz) (½ inç kalınlığında parçalar halinde kesilmiş)

2 yumurta

1 yemek kaşığı su

un

tuz ve biber

½ çay kaşığı sarımsak tozu (isteğe bağlı)

1 limon

Kızartmak için 1 su bardağı ve ½ yağ (tercihen mısır veya sebze)

1 yemek kaşığı zeytinyağı

Limon dilimleri

Balıkları tuz, karabiber ve sarımsakla tatlandırın. Limonun yarısının suyunu balığın üzerine sıkın ve yaklaşık 5 dakika bekletin. (Balıkların limonun içinde birkaç dakikadan fazla beklemesine izin vermeyin, aksi takdirde asitlik limonu çözer.)

Yumurtaları orta boy bir kapta suyla çırpın.

Unu orta boy bir kaseye koyun. Kuru ve ıslak el yöntemini kullanarak balıkları yumurtayla fırçalayın, fazlasını silkeleyin ve una bulayın.

Yağı yarım santim derinliğinde ağır bir tavaya dökün. Orta derecede ısıtın. Balık filetosunun bir ucunu yağa batırarak yağı test edin. Bittiğinde parlayacak.

4 ila 6 parça balığı gruplar halinde sıcak yağda, her tarafı yaklaşık 4 dakika, altın rengi kahverengi olana kadar kızartın. Balık çok çabuk kızarırsa ısıyı ayarlayın.

Yağın emilmesi için biftekleri mutfak kağıdının üzerine koyun.

Servis yapmadan önce limon dilimleriyle süsleyin.

59PİŞMİŞ KALAMAR

Güveç Kalamar

Bu tarifteki kalamar, domates ve şarap suyunda pişirilerek yumuşak ve sulu hale getirilir. Bu tarif bana ilk kez yıllar önce, yeni evlendiğimde sevgili kayınvalidem tarafından öğretilmişti, çünkü kocamın en sevdiği yemeklerden biriydi.

4-6 kişi için

2 kilo temizlenmiş kalamar

1 küçük sosis (dilimlenmiş)

¼ bardak zeytinyağı

1 büyük soğan (dilimlenmiş)

1 büyük kırmızı biber

2 adet defne yaprağı

4 diş sarımsak (doğranmış

1 su bardağı çok olgun domates (ezilmiş)

1 bardak beyaz şarap

Limon sıkmak

2 yemek kaşığı maydanoz (doğranmış)

Kalamarları yaklaşık bir inç kalınlığında halkalar halinde kesin ve dokunaçlarını kesin.

Soğanı, sarımsağı, biberi ve defne yaprağını zeytinyağında soteleyin. Domatesleri, şarabı, tuzu ve karabiberi ekleyip birkaç dakika pişirin.

Kalamar ve chorizo'yu ekleyin ve kalamar yumuşayana kadar sık sık karıştırarak yaklaşık 20 ila 30 dakika pişirin. Sosun çok koyulaştığını fark ederseniz su ekleyin.

Haşlanmış patates ile servis yapın.

Servis yapmadan önce limon ve maydanozla süsleyin.

60SARIMSAKLI KALAMAR

Izgara Kalamar

Bu ızgara kalamar sarımsaklı, tatlı ve yumuşaktır. Her iki tarafı da birkaç dakika içinde pişer, o yüzden fazla pişirmeyin. 4-6 kişi için

2 pound temiz çiğ kalamar (2 inçlik şeritler halinde uzunlamasına kesilmiş)

1 çay kaşığı tuz

biber

Zeytin yağı

Sirke:

½ bardak zeytinyağı

½ bardak beyaz şarap sirkesi

5 diş sarımsak (doğranmış)

2 yemek kaşığı soğan (ince doğranmış)

tuzlu

biber

2 yemek kaşığı maydanoz (ince kıyılmış)

hazırlık

Kalamar ve dokunaçları tuz ve karabiberle tatlandırın ve zeytinyağıyla fırçalayın.

Kömür üzerinde veya çok sıcak bir gazlı ızgarada, boyut başına yaklaşık 4 dakika, altın rengi olana kadar ızgara yapın ve sıcak bir tepsiye koyun.

Bu arada küçük bir kapta tüm malzemeleri iyice karıştırarak salata sosunu hazırlayın.

Salata sosunu pişmiş kalamarın üzerine dökün. Maydanozla süsleyin.

Haşlanmış, fırında patates veya pilavla servis yapın.

61Portekiz deniz ürünleri kumaşı

Balık yahnisi

Portekiz kıyıları balıkçılar tarafından toplanan deniz ürünleri açısından zengindir. Balık ve kabuklu deniz ürünleri birçok ulusal yemeğin ana maddesidir. Bu tek kaptaki çorbanın, bu balıkçıların Atlantik Okyanusu'na yaptıkları keşif gezileri sırasında ortaya çıktığı söyleniyor. Dünyadaki keşiflerden getirilen deniz ürünleri ve baharatların lezzetlerini içerir. 4-6 kişi için

1 pound patates (2 inç küpler halinde kesilmiş)

2 yemek kaşığı zeytinyağı

3 orta boy soğan (ince dilimlenmiş)

1 kırmızı biber (ince doğranmış)

3 diş sarımsak (doğranmış)

2 adet defne yaprağı

3 adet çok olgun domates (ezilmiş)

1 bardak Vinho Verde veya beyaz şarap

1 su bardağı tavuk veya balık suyu

2 veya 3 bardak su

½ kiloluk karides (soyulmuş ve ayrılmış)

½ pound küçük boyunlu tarak (yıkanmış)

½ pound taze pisi balığı (2 inçlik parçalar halinde kesilmiş)

½ kiloluk kemiksiz pul pul beyaz balık (2 inçlik büyük parçalar halinde kesilmiş)

Yarım kiloluk kalamar (temizlenmiş ve 1 inçlik halkalar halinde kesilmiş)

2 çay kaşığı tuz

½ çay kaşığı kırmızı biber tozu

Garnitür için kişniş

hazırlık

Büyük, ağır bir tencerede soğanı, sarımsağı, defne yaprağını ve biberi zeytinyağında yarı saydam olana kadar yaklaşık 5 dakika soteleyin.

Domatesleri, biberleri ve şarabı ekleyin ve şarap koyulaşana kadar yaklaşık 5 dakika pişirin. Patatesleri, et suyunu ve suyu ekleyip yüksek ateşte yaklaşık 15 dakika pişirin.

Deniz ürünlerini katmanlar halinde, önce kemikli balığı, sonra kalamar, istiridye ve son olarak da pul pul beyaz balığı ekleyin.

Kapağı kapatın ve orta ateşte, orta ateşte, istiridyeler açılıncaya kadar yaklaşık 10 ila 15 dakika pişirin.

Gerekirse daha fazla baharat tadın ve ekleyin. Servis yapmadan önce doğranmış kişniş serpin.

62POP PİRİNÇ

Toz pirinç

Annem tutumlu bir aşçıydı ve konu artıklar olduğunda mutfakta çok yaratıcıydı. Bu onun tarifi ve ailemizin Noel Arifesi yemeğinden kalan ahtapotlu en sevdiğim pirinç yemeklerinden biri. Hizmetler 6-8

1 kiloluk pişmiş ahtapot (doğranmış)

1 küçük soğan (doğranmış)

1 diş sarımsak (doğranmış)

2 yemek kaşığı zeytinyağı

1 küçük çok olgun domates (ezilmiş)

2 su bardağı pişmemiş uzun taneli pirinç

4 su bardağı sıcak tavuk suyu

½ çay kaşığı tuz

Süslemek için maydanoz

hazırlık

Ağır bir tavada, soğanı ve sarımsağı zeytinyağında orta ateşte yarı saydam oluncaya kadar soteleyin.

Ahtapot ve domatesi ekleyip birkaç dakika kavurarak aromaların karışmasını sağlayın.

Pirinci ve sıcak suyu ekleyin ve yüksek ateşte kaynatın. Isıyı orta dereceye düşürün, karıştırın, örtün ve yaklaşık 15 dakika pişirin.

Pirincin kuruduğunu ve daha uzun süre pişmesi gerektiğini fark ederseniz daha fazla et suyu veya biraz kaynar su ekleyin.

Gerekirse daha fazla baharat ekleyin, maydanozla süsleyin ve servis yapın.

63PATATESLİ FIRINLANMIŞ POP

Tatlı patates ile pişmiş toz

Ahtapot Portekiz'in kıyı sularında hasat edilir ve lezzetli bir yiyecek olarak kabul edilir. Bazı şefler dokunaçlara çekiçle vuruyor ve bazıları da yumuşatmak için pişirme sıvısına şarap mantarı eklemeyi öneriyor. Ben soğanla birlikte 1-1,5 saat pişiriyorum ama bazıları daha uzun sürüyor. Bu tarif genellikle Noel arifesinde servis edilir, ancak tüm yıl boyunca da yenilebilir. 4-6 kişi için

2 kilo ahtapot

1 büyük soğan

1 büyük soğan (doğranmış)

2 pound küçük yuvarlak patates (yıkanmış ve kurutulmuş)

1 büyük kırmızı biber (ince doğranmış)

3 diş sarımsak (doğranmış)

½ bardak zeytinyağı

¼ bardak zeytinyağı

1 yemek kaşığı beyaz sirke

1 çay kaşığı tuz

1 çay kaşığı biber

1 defne yaprağı

Süslemek için maydanoz

hazırlık

Ahtapotun tamamını tuz ve soğanla birlikte, üzerini 2 inç daha suyla kaplayacak kadar suda kaynatarak pişirin. Ahtapot iyice pişene kadar 1 saat veya daha uzun süre pişirin.

Patatesleri derin bir fırın kabına koyun ve tuz ve karabiberle tatlandırın. Üzerine ½ çiğ doğranmış soğan ve ½ bardak zeytinyağı ekleyin ve tavayı ara sıra sallayarak 400 F'de yaklaşık 30 dakika pişirin.

Kalan soğanı, kırmızı biberi, sarımsağı ve defne yaprağını ¼ bardak zeytinyağında yaklaşık 5 dakika soteleyin. Sirkeyi ekleyin ve bir dakika pişmesine izin verin. Kenara.

Ahtapot pişince suyunu süzün ve patateslerle birlikte tavaya ekleyin.

Soğan karışımını patateslerin ve ahtapotun üzerine dökün.

Patatesler tamamen pişene kadar 350 derece F'de pişirin.

Servis yapmadan önce kıyılmış maydanozla süsleyin.

64PİRİNÇLİ TOPLU TAVŞAN

Coelho'dan pirinç

Tavşan, sığır etinden daha fazla protein içerir ve diğer etlerden daha düşük kolesterol ve kaloriye sahiptir. Taze tavşanı birçok kasap ve özel mağazada bulabilirsiniz. 4-8 kişi için

1 (2 ila 3) pound taze tavşan (küçük parçalar halinde kesilmiş)

2 su bardağı uzun taneli pirinç

2 çay kaşığı tuz

biber

¼ bardak zeytinyağı

1 küçük soğan (doğranmış)

1 küçük domates (ezilmiş)

1 diş sarımsak (doğranmış)

1 defne yaprağı

1 dal taze biberiye

½ bardak kırmızı şarap

4 bardak kaynar su

Süslemek için maydanoz

hazırlık

Tavşanı tuz, karabiber, biberiye ve beyaz şarapla marine edin ve buzdolabında en az 1 saat veya bir gece bekletin.

Büyük, ağır bir tencerede soğanları, sarımsakları ve defne yapraklarını yarı saydam olana kadar zeytinyağında soteleyin.

Tavşanı süzün, biberiyeyi çıkarın, turşuyu ayırın ve eti soğanla birlikte tavaya ekleyin. Orta ateşte kızartın ve tavşanın her iki tarafını da kızartın.

Ayırdığınız turşuyu, 1 su bardağı suyu ve domatesi ekleyin. Orta ateşte sık sık karıştırarak 45 dakika pişirin.

Pirinci ekleyin ve tatları birleştirmek için karıştırın. Kaynayan suyu tencereye ekleyin, karıştırın ve kapağını kapatın.

Orta ateşte 20 dakika, sık sık karıştırarak yumuşayana kadar pişirin. Pirincin daha uzun süre pişmesi gerekiyorsa daha fazla kaynar su eklemeniz gerekebilir.

Kapağı açın, karıştırın ve gerekirse baharat ekleyin.

Maydanozla süsleyip servis yapın

65YAZ TAVŞAN AVCILIK

Coelho Cacador'da

Bu tavşan yahnisi annemin özel günler için yaptığı klasik bir tarif. Tavada pişirildiği için yapımı kolaydır.

4-6 kişi için

2 ila 3 pound kemikli tavşan eti (kıyılmış)

1 büyük soğan (doğranmış)

2 adet çok olgun büyük domates

2 diş sarımsak (doğranmış)

1 bardak kırmızı şarap

1 veya 2 bardak su

2 adet defne yaprağı

1 çay kaşığı tuz

1 çay kaşığı biber

1 yemek kaşığı zeytinyağı

hazırlık

Tavşanı geniş bir kapta domates dışındaki tüm malzemelerle marine edin. Gece boyunca buzdolabında bekletin.

Tavşanı pişirmeden 30 dakika önce buzdolabından çıkarın.

Yağı çok büyük, fırına dayanıklı bir tavada ısıtın. Tavşanı boşaltın ve turşuyu ayırın.

Tavşanı tavada orta ateşte her iki tarafı da altın rengi oluncaya kadar pişirin.

Soğanları, kalan turşuyu ve domatesleri ekleyin ve orta ateşte 20 dakika pişirin.

Sosu inceltmek için gerekirse biraz su ekleyin.

1-2 bardak su ekleyip pişirmeye devam edin. Sos kurursa daha fazla su ekleyin.

Fırını 350 derece F'ye önceden ısıtın.

Tavayı fırına yerleştirin ve tavşanı, et kemikten ayrılıncaya kadar yaklaşık 1 saat kızartın.

Pirinç veya haşlanmış patates ile servis yapın.

66KÖZLEME BİBER TAVUK

Frank Asado

Portekiz'deki bir evde pazar akşam yemekleri genellikle kızarmış tavuk içerir ve her ev aşçısının kendi tekniği vardır. Bu tarifin hazırlanması kolaydır ve her zaman mükemmel olur. Kendiniz yapmak için yaratıcı olabilir ve kendi baharatlarınızı ekleyebilirsiniz. Kavrulmuş patates tarifim veya pilavımla servis yapın. 4-6 kişi için

1 büyük kızarmış tavuk

2 çay kaşığı tuz

1 çay kaşığı biber

2 çay kaşığı sarımsak tozu

2 çay kaşığı kırmızı biber tozu

1 küçük soğan (dörde bölünmüş)

1 küçük kereviz sapı (doğranmış)

½ limon

2 yemek kaşığı zeytinyağı

1 yemek kaşığı tereyağı veya margarin

1 dal taze maydanoz

½ bardak beyaz şarap

hazırlık

Baharatları küçük bir kapta karıştırın.

Tavuğu yıkayıp kurulayın. Tavuğu zeytinyağı ve margarinle ovalayın ve üzerine otlar serpin.

Soğanı, kerevizi ve maydanozu boşluğa yerleştirin. Şarabı boşluğa dökün. Limon suyunu tavuğun üzerine sıkın ve derisini boşluğa yerleştirin.

Tavukları bir gece boyunca en az 2 saat buzdolabında marine edin.

Pişirmeye hazır olduğunuzda, marine edilmiş tavuğu oda sıcaklığında büyük bir kızartma tavasına koyun.

3 ila 4 kiloluk küçük bir tavuk için 400 derece F'de 1 1/2 saat pişirin.

Gözlem:

Tavuk zamanlayıcısı yükselse de, tavuğun çıtır çıtır ve altın rengi kahverengi olana kadar daha uzun süre pişmesine izin verin.

67 LİMON VE BİBERLİ BİBERİYE TAVUK

Biberiyeli Kavrulmuş Patates Kızartması

Haftada en az bir kez tavuk kızartma yapıyorum ve asla hayal kırıklığına uğratmıyor. Bu biberiyeli tavuk yemeğine biraz tatlılık katan ve keskin limonla iyi giden kırmızı biber ekledim.

Tatlı patatesleri tavukla birlikte aynı tavada haşlayın. 4-6 kişi için

1 kızarmış tavuk (3-4 pound)

1 limon

2 çay kaşığı zeytinyağı

1 çay kaşığı tuz

1 çay kaşığı sarımsak tozu

1 küçük soğan (doğranmış)

2 yemek kaşığı margarin

1 çay kaşığı kırmızı biber tozu

1 çay kaşığı taze veya kurutulmuş biberiye

3 veya 4 tatlı patates (isteğe bağlı olarak ikiye bölünmüş)

hazırlık

Tavuğu yıkayıp kurulayın. Limonu ikiye bölün ve yarısının suyunu tavuğun üzerine sıkın. Kabuğu ve doğranmış soğanın yarısını boşluğa yerleştirin.

Küçük bir kapta tuz, sarımsak tozu, kırmızı biber ve biberiyeyi birleştirin ve iyice karıştırın. Baharat karışımını tavuğun üzerine sürün.

Margarini göğsün altına ve tavuğun üzerine koyun. Kalan soğanı üzerine serpip zeytinyağı gezdirin.

Tavuğu patateslerle çevrili geniş bir tavaya yerleştirin.

Tavuk derisi altın kahverengi ve gevrek oluncaya kadar 1 1/2 ila 2 saat boyunca 400 derece F'de pişirin. Tavuk pişerken her yarım saatte bir patateslerin üzerine damlamaları dökün.

Tavuk pişince butlara bölün. Meyve suları berraksa tavuk pişmiş demektir. Et termometresindeki sıcaklık 180 ila 190 derece arasında olmalıdır.

Gözlem:

Dilimlemeden önce yaklaşık 8 dakika dinlendirin. Zamanlayıcınızın dolduğunu fark edebilirsiniz ancak tavuğun çıtır bir altın rengi elde etmesi için daha uzun süre pişmesine izin verin.

68IZGARA TAVUK

Frango Churrasco değil

Frango Churrasco yaz yemekleri, aile piknikleri ve festivaller için popülerdir. Portekiz genelinde ve Portekiz göçmen topluluklarında Churrasqueiras adı verilen ve menüde yalnızca ızgara tavuk satan birçok restoran bulunmaktadır.

Bu yemek için tuz ve karabiberden kekik ve biberiye eklemeye kadar pek çok farklı tarif var. Tarifim klasik Portekiz baharatları olan tuz, karabiber, sarımsak, kırmızı biber ve piri piri sosunu beyaz şarapta birleştiriyor.

4-6 kişi için

2 küçük fritöz tavuğu (her biri 3 ila 4 pound)

4 diş ezilmiş sarımsak

2 çay kaşığı tuz

1 yemek kaşığı kırmızı biber tozu

½ bardak beyaz şarap

Yarım limonun suyu

2 yemek kaşığı piri piri veya acı sos

2 yemek kaşığı zeytinyağı

Tavuğun üzerine sürmek için marine sosu:

2 yemek kaşığı tereyağı veya margarin

½ bardak beyaz şarap

Kalan turşu

hazırlık

Tavuğu omurgasından kesip göğüs boyunca bölerek kelebek yapın.

Tuz, karabiber, sarımsak, kırmızı biber, limon şarabı ve piripiri sosunu küçük bir kasede karıştırın.

Tavuğu marine ile fırçalayın. Sığ bir tavaya veya plastik torbaya koyun ve en az 2 saat veya daha iyisi bir gece boyunca buzdolabında saklayın.

Tavuğu ızgara yapmadan en az 30 dakika önce buzdolabından çıkarın.

Pişirmeye hazır olduğunuzda tavukları tavadan çıkarın ve turşuyu ayırın.

Tavuğu derisi yukarı bakacak şekilde sıcak ızgaraya yerleştirin. Izgarayı kapatın ve tavuğun 10 dakika pişmesine izin verin.

Tavuğu 5 dakikada bir kontrol edin ve ateşten uzak tutun.

Küçük bir tencerede kalan turşuyu tereyağı ve ½ bardak şarapla birleştirin ve kaynatın ve tavuğu kızartmadan önce sıcak tutmak için ızgaraya koyun.

Tavuğu yaklaşık 45 dakika ila 1 saat kadar pişirin. Tamamen pişene kadar birkaç dakikada bir kalan turşuyu fırçalayın.

Gözlem:

Gerekirse tavuğu 350 derece F'de 10 dakika da pişirebilirsiniz.

69FIRIN PİRİ PİRİ TAVUK

Piri Piri patates kızartması

Piri Piri Tavuğu, baharatlı bir vuruşla sulu ve lezzetli çıkıyor. Soğuk aylarda dışarıda ızgara yapamıyorsanız, bu tavuğu fırın ızgarasının altında 10 dakika pişirin, ardından fırında bitirin.

4-8 kişi için

2 küçük fritöz tavuğu (her biri yaklaşık 3 pound)

2 çay kaşığı tuz

1 çay kaşığı biber

1 çay kaşığı sarımsak tozu

1 çay kaşığı kırmızı biber tozu

2 yemek kaşığı piri piri veya acı sos

¼ fincan vinho verde veya beyaz şarap

hazırlık

Tavukları tüm malzemelerle marine edin ve gece boyunca veya pişirmeden en az 2 saat önce buzdolabında bekletin.

Tavukları derileri yukarı bakacak şekilde büyük bir kızartma veya fırın tepsisine yerleştirin. Cilt altın kahverengi olana kadar yaklaşık 10 dakika pişirin.

gözlem: Fırının kapağını biraz açık bırakın ki tavuğa göz kulak olun, yanmasın veya duman çıkmasın.

Izgarayı kapatın ve fırını 400 derece F'ye ayarlayın.

Tavuğu orta fırın rafına yerleştirin ve 1 saat boyunca veya tavuk tamamen pişip çıtır çıtır olana kadar pişirin.

İstenirse daldırma için daha fazla acı sosla servis yapın.

70PİRİNÇLİ PORTEKİZ TAVUK

Fransız pirinci

Babam patatesten o kadar nefret ederdi ki annem haftanın birçok günü ailemizin yemeklerinde pilav pişirirdi, buna tavuk ve pilav da dahil. O kadar sık yaşıyorduk ki babam sık sık şöyle derdi; "O kadar çok tavuk yiyoruz ki, yakında kanatlarımız olacak!" 4-6 kişi için

1 küçük 3-4 kiloluk kızarmış tavuk (yaklaşık 10 parçaya bölünmüş)

2 su bardağı uzun taneli pirinç

1 küçük soğan (doğranmış)

1 diş küçük sarımsak (doğranmış)

1 defne yaprağı

2 büyük havuç (doğranmış)

1 küçük çok olgun domates

¼ bardak zeytinyağı

1 çay kaşığı kırmızı biber tozu

1 yemek kaşığı tuz

1 tutam karabiber

½ bardak beyaz şarap

1 küp tavuk suyu

5 su bardağı kaynar su

hazırlık

Tavuğu yıkayıp kurulayın ve fazla deriyi tavuktan çıkarın. Tuz, karabiber, kırmızı biber, şarapla marine edin ve en az 2 saat veya gece boyunca buzdolabında saklayın.

Pişirmeye hazır olduğunuzda, soğanı ve sarımsağı zeytinyağında ağır bir tencerede veya derin kızartma tavasında yarı saydam olana kadar soteleyin.

Tavuk, havuç, domates ve defne yaprağını ekleyin. Orta ateşte, ara sıra çevirerek, tavuklar kızarana kadar pişirin.

Şarap, 2 bardak su, et suyu ve kalan turşuyu ekleyin. Karıştırın, örtün ve en az 40 dakika pişirin.

40 dakika sonra 3 bardak kaynar suyu ekleyip kaynatın ve pirinci ekleyin. Karıştırın, pirincin kaynamasını bekleyin, karıştırın, kapağını kapatın ve orta ateşte yaklaşık 15 dakika pişirin.

Ateşten alın ve servise hazır oluncaya kadar kapağı kapalı bırakın.

71PORTEKİZ TARZI PEMBE TÜRKİYE

Kavrulmuş Peru

Portekiz baharatları bu tarifte hindiyi zenginleştirir ve ona tuzlu kırmızı biber aroması verir. Şükran Günü hindisi hazırlamanın birçok çeşidi vardır, ancak bu tarifi çok küçükken, Amerika'ya geldiğimiz ilk yıl olan Şükran Günü'nden bir gün önce annemin hindiyi hazırlamasını izlerken öğrendim. Hizmetler 10-12

1 (15) pound hindi

2 yemek kaşığı tuz

1 limon

1 büyük soğan

1 büyük kereviz sapı

3 büyük dal maydanoz

1 büyük havuç

¼ bardak zeytinyağı

1 çay kaşığı sarımsak tozu

1 yemek kaşığı kırmızı biber tozu

1 çay kaşığı biber

2 yemek kaşığı tereyağı

½ bardak Vinho Verde veya başka bir beyaz şarap

3 sap kereviz

1 büyük soğan

hazırlık

Paketi çıkarın ve hindinin her iki oyuğundaki boynu ve sakatatları çıkarın.

Hindiyi, boynunu ve sakatatlarını çok soğuk suyla yıkayın. Daha sonra kullanmak üzere boynu ve bağırsakları stokta tutun. Hindinin içini ve dışını tuzla eşit şekilde ovalayın.

Limonları ikiye bölün ve hindinin içini ve dışını ovalayın, ovalarken suyunu da sıkın. Kabukları boşluğa yerleştirin.

Tereyağını göğüs derisinin altına ve hindinin üzerine sürün ve üzerine kırmızı biber, biber ve sarımsak tozu ekleyin ve boşluğun marine edilmesi için biraz bırakın.

Kerevizi, soğanı ve havucu boşluğa yerleştirin. Hindiyi zeytinyağıyla ovun.

Buzdolabına koyun ve bir gece marine edilmeye bırakın.

Fırını 350 derece F'ye önceden ısıtın.

Hindiyi pişirmeden en az 30 dakika önce buzdolabından çıkarın.

Kapaklı büyük bir tencerenin dibine kereviz saplarını ve soğan dilimlerini yerleştirip hindiyi içine yerleştirin.

Gözlem:

Yaklaşık 15 kiloluk ortalama bir hindinin 350 derecede pişmesi yaklaşık 3 saat sürecektir.

Zamanlayıcınız görünse de bu tam olarak piştiği anlamına gelmeyebilir, hindiyi bir termometre ile test edin. 165 derece F'ye ulaşmalıdır.

Hindiyi her saat başı pişirme suyuyla marine edin.

Hindinizin derisinin koyu kahverengi olmasını istiyorsanız, pişirmenin son 30 dakikasında folyoyu çıkarın.

Hindiyi oymadan önce en az 20 dakika dinlendirin.

Pişirme sıvısını atmayın. Ev yapımı sos yapmak için bunları saklayın.

Hindiyi biraz sıcak tavuk veya hindi suyuyla yeniden ısıtın.

Not: Hindinin pişip pişmediğini anlamak için basit bir test:

Uyluğunuzu vücudunuzdan uzaklaştırın; uyluk kemiği kolayca kırılmıyorsa hindiyi pişirmeye devam edin.

Ekmek sosu:

Meyve sularını küçük bir tencereye süzerek tava sosu yapın. Meyve sularını birkaç dakika bekletin ve üstteki fazla yağı alın.

Birkaç yemek kaşığı un ekleyin ve sos koyulaşıncaya kadar sürekli karıştırarak en az 5 dakika pişirin.

Daha hafif bir sos yapmak için biraz krema veya süt ekleyin.

72ORTA DOMUZ VE ALENTEJAN TARZI KLİMALAR

Alentejana'da domuz eti

Bu geleneksel tarif, dünya çapındaki Portekiz restoranlarının menülerinde bulunabilir. "Alentejana" adı, yemeğin Portekiz'in Alentejo bölgesinden geldiği anlamına geliyor. "Além-Tejo" isminin kökeni, kelimenin tam anlamıyla "Tagus'un Ötesinde" veya "Tagus'un Ötesinde" olarak tercüme edilir.

Bölge, Portekiz'in geri kalanından Tagus Nehri ile ayrılır ve güneye doğru Algarve sınırına kadar uzanır. Carne de Porco Alentejana adı, yemekte kullanılan domuz etinin, siyah İber domuzunun üretildiği bölgeden geldiğini ayırt etmek içindi. İber domuzunun eti daha yüksek yağ içeriğine sahiptir, bu da eti daha yumuşak ve lezzetli kılar.

Eşim her zaman diyor ki; "Jell-O gibi Carne Alentejana'ya da her zaman yer vardır!"

Hizmetler 6-8

2 pound kemiksiz domuz filetosu (2 küp halinde kesilmiş)

1 küçük doğranmış soğan

½ çay kaşığı kimyon tozu

2 diş kıyılmış sarımsak

1 çay kaşığı kırmızı biber salçası (isteğe bağlı)

1 ve ½ çay kaşığı tuz

¼ bardak zeytinyağı

1 defne yaprağı

1 bardak beyaz şarap veya Vinho Verde

1 yemek kaşığı füme kırmızı biber

1 küp tavuk suyu

2 çay kaşığı piri piri veya acı sos

2 inç küpler halinde kesilmiş 4 bardak çiğ patates

2 pound taze küçük boyunlu tarak

Patatesleri kızartmak için sıvı yağ

isteğe bağlı garnitür:

½ bardak Giardiniera sebzeleri

Taze doğranmış kişniş

zeytin

hazırlık

Domuz etini geniş bir kapta baharatlayın; tuz, sarımsak, defne yaprağı, kırmızı biber, kimyon, kırmızı biber ve ½ bardak şarap. İyice karıştırın ve en az 2 saat marine edin veya gece boyunca buzdolabında bekletin.

Domuz eti pişirmeye başlamadan önce patatesleri sıcak yağda altın rengi olana kadar kızartın ve tuzlayın. Kenara.

İstiridyeleri soğuk su ve 1 yemek kaşığı tuzla dolu bir kaseye koyun. Domuz eti buzdolabında yaklaşık ½ ila 1 saat dinlendirin.

Domuz eti pişirmeden 30 dakika önce buzdolabından çıkarın.

Büyük bir tavayı ısıtın veya ¼ fincan zeytinyağıyla yüksek ateşte wok yapın. Soğanları ekleyin ve yaklaşık 1 dakika pişirin. Domuz etini boşaltın, turşuyu saklayın ve soğanlara ekleyin. Etin her tarafının yaklaşık 5 dakika kadar kızarmasını sağlayın.

İstiridyeleri yıkayıp kurulayın. Domuz etini kalan şarapla birlikte ekleyin ve marine edin. Kapağını kapatıp orta ateşte istiridyeler açılıncaya kadar yaklaşık 10 dakika pişirin. İsterseniz daha fazla şarap ve acı sos ekleyin. Domuz eti piştiğinde fırında patatesleri ekleyin ve lezzeti emmesi için kısık ateşte hafifçe karıştırın.

Arzuya göre garnitür ekleyip servis yapın.

Gözlem:

Domuzu fazla pişirmeyin, aksi takdirde kurur.

73jambonla doldurulmuş domuz filetosu

Jambon gibi doldurulmuş domuz filetosu

Jambon ve peynir dolgusu, domuz bonfilesine tuzlu, dumanlı bir tat katar ve karamelize soğan ve porto şarabının azaltılması, jambonun tuzluluğunu dengelemek için tatlılık katar.

Bu, misafirlerinizi çok mutlu edecek özel bir fırsat yemeğidir. Bu domuz etini kavrulmuş patatesle servis ediyorum ama aynı zamanda pilavla da iyi gidiyor.

Hizmetler 6-8

1 (3 ila 4 pound) kemiksiz domuz filetosu

6 dilim presunto veya prosciutto (doğranmış)

İsteğe göre 1 su bardağı ıspanak (doğranmış)

3 yemek kaşığı taze maydanoz (ince kıyılmış)

2 diş sarımsak (doğranmış)

3 dilim sevdiğiniz peynirden

4 yemek kaşığı zeytinyağı

½ bardak ekmek kırıntısı

½ çay kaşığı tuz

1 çay kaşığı sarımsak tozu

1 çay kaşığı kırmızı biber tozu

Karamelize soğan malzemeleri:

1 büyük soğan dilimlenmiş

½ bardak kırmızı şarap

½ bardak Vinho do Porto (Porto şarabı)

2 yemek kaşığı tereyağı

hazırlık

Jambonu, ıspanağı, galeta unu, 2 yemek kaşığı yağı, maydanozu ve sarımsağı küçük bir kaseye koyun ve iyice karıştırın.

Filetoyu yavaşça katlayın ve bir kesme tahtası üzerine düz bir şekilde yayın.

Ispanak dolgusunu domuz etinin üzerine eşit şekilde yayın ve domuz eti yavaşça kütük şekline getirin. Domuzu tutmak için iple bağlayın veya uzun şiş kullanın.

Domuz eti tuz, sarımsak tozu ve kırmızı biberle tatlandırın.

Haddelenmiş domuz etini bir tavaya yerleştirin ve kalan 2 yemek kaşığı zeytinyağıyla eşit şekilde kızartın. Tavadan alıp bir tencereye koyun.

karamelize edilmiş soğanlar:

Soğanları aynı tavada 1 dakika kadar kavurun. Kırmızı şarabı, porto şarabını ve tereyağını ekleyin. Şarap yarı yarıya azalıp koyulaşana kadar orta ateşte pişirmeye devam edin.

Domuz eti pişirin:

Soğan şarabı redüksiyonunu domuz bonfilesinin üzerine dökün. Domuz eti 165 dereceye ulaşana kadar domuz etini 350 derece F'de 45 dakika ila 1 saat pişirin.

Dilimlemeden önce 5 dakika dinlendirin.

74SOĞAN VE BİBER İLE IZGARA DOMUZ ŞERİTLER

Soğan gibi Bifanalar

Bifanes Portekiz'de, hamburgerler Amerika'da olduğu kadar popüler. Pikniklerde, spor etkinliklerinde ve festivallerde barbekü yapılır. Evde sadece bir tavada ızgara yaparak hazırlamak kolaydır. Tercihinize göre soğanlı veya soğansız olarak servis edilebilir.

Bunları pilav veya patatesle ana yemek olarak veya Portekiz ekmeği üzerinde domuz eti şeritlerinden oluşan klasik "entrepà bifana" olarak servis edin.

4-6 kişi için

2 kilo kemiksiz domuz filetosu

1 çay kaşığı tuz

1 yemek kaşığı sarımsak tozu veya 3 diş ezilmiş sarımsak

1 çay kaşığı kırmızı biber

½ çay kaşığı biber

½ bardak beyaz şarap

1 veya 2 yemek kaşığı piri piri sosu (tadına göre ayarlayın)

hazırlık

Domuz filetosunu yarım santimetre dilimler halinde kesin. Dilimleri plastik ambalajın arasına yerleştirin ve domuz eti ¼ inç kalınlığa gelene kadar bir et tokmağıyla dövün. Bu işlem domuz etinin çok yumuşak olmasını sağlayacaktır.

Malzemelerin geri kalanıyla baharatlayın ve domuz etinin pişirmeden önce en az yarım saat marine edilmesini bekleyin, ancak en iyisi onu bir gece buzdolabında bırakmaktır.

Açık havada sıcak bir ızgarada veya tavada, her tarafı yaklaşık 3 ila 4 dakika veya iyice pişene kadar pişirin.

Üzerine karamelize soğan tarifini ekleyin.

Karamelize soğan ve biber tarifi:

Bu soğan tarifi çok yönlüdür ve domuz eti, biftek veya balıkla servis edilebilir.

2 orta boy soğan

2 büyük biber

3 yemek kaşığı zeytinyağı

½ çay kaşığı sarımsak tozu

½ çay kaşığı tuz

½ çay kaşığı biber

2 yemek kaşığı beyaz şarap veya beyaz sirke

hazırlık

Soğanları ve biberleri zeytinyağında şeffaflaşana ve hafifçe kızarana kadar soteleyin.

Kalan malzemeleri ekleyin ve soğanlar altın rengi oluncaya kadar pişirin. Domuz etinin üzerine dökmeye hazır olana kadar pişirin.

75SOĞAN VE SARIMSAKLI KIZARTILMIŞ DOMUZ BÖLGESİ

Kızarmış domuz filetosu

Eti pişirmek için tuz, karabiber, kırmızı biber, sarımsak ve zeytinyağı kullanmaktan daha kolay olamaz. Bu klasik domuz yemeğine tatlı ve tuzlu bir tat vermek için soğan ekledim. Büyük bir parti veriyorsanız, bütün bir domuz filetosu kullanın ve tarifteki malzemeleri iki katına çıkarın. Hizmetler 6-8

1 (4) kiloluk kemiksiz domuz filetosu

1 yemek kaşığı tuz

6 diş taze sarımsak (doğranmış)

1 çay kaşığı kırmızı biber tozu

1 çay kaşığı karabiber

1 büyük soğan dilimlenmiş

1 yemek kaşığı zeytinyağı

hazırlık

Domuz etini tuz, sarımsak, kırmızı biber ve karabiberle tatlandırın ve buzdolabında en az 1 saat veya gece boyunca marine edin.

Pişirmeye hazır olduğunuzda üzerine zeytinyağı ve dilimlenmiş soğan gezdirin.

Domuz etini 350 derece F'de yaklaşık 1 saat 15 dakika kızartın ve her 20 dakikada bir soğan sosuyla yağlayın.

15 dakika daha pişirin.

İç sıcaklık 155 F dereceye ulaştığında, rostoyu fırından çıkarın ve dilimlemeden önce yaklaşık 20 dakika dinlendirin.

76TRASMONTANA UYGULAMASI DOMUZ FASULYE GÜVEÇ

Transmontana'daki Feijoada

Feijoada, 14. yüzyılda Portekiz'in kuzey bölgesinde ortaya çıktı. O zamanlar savaşta askerleri beslemek için et tedarik edildiğinden et kıttı. Fakir çiftçiler, hazırda bulunan fasulye ve lahananın yanı sıra, domuzun her parçasını diyetlerinin temel maddesi olarak kullanmaya başladı. Yemek genellikle beyaz fasulyeden yapılıyor ancak Tras os Montes bölgesinde kırmızı fasulye kullanılıyor.

Bu tarif, Matador'un menüsünde en sevilen yemeklerden biri olan kardeşim John'un tarifinden uyarlanmıştır. Mükemmel bir parti cazibesi. Pilavla iyi gider ama lezzetli sosu emmek için yanınızda biraz çıtır ekmek olduğundan emin olun. 4-8 kişi için

2 kilo bebek sırt kaburgası

1 sosis

1 pound siyah burun (istenirse)

1 pound (jambon, füme omuz jambonu veya 2 inçlik şeritler halinde kesilmiş domuz yağı)

1 küçük lahana veya lahana (ince doğranmış)

2 dilimlenmiş havuç

1 büyük soğan ince doğranmış

2 diş kıyılmış sarımsak

¼ bardak zeytinyağı

2 adet defne yaprağı

1 yemek kaşığı tuz

1 çay kaşığı tatlı kırmızı biber

1 çay kaşığı kimyon tozu

2 ila 3 büyük 32 oz. konserve kuru fasulye

½ su bardağı ezilmiş domates

2 pound domuz eklemleri veya domuz eklemleri ve domuz kulakları (istenirse)

hazırlık

Pişirmeden önceki gece:

Kaburgaları ve domuz karnını tuzlayın. Eklemleri soğuk suyla yıkayın, tuzlayın ve tuzu emmesi için gece boyunca buzdolabında bekletin.

Sonraki gün:

Domuz filetosunu tuzsuz suyla dolu büyük bir tencerede en az 1 1/2 saat veya kolayca dilimlenene kadar pişirin. 2 bardak et suyunu daha sonra kullanmak üzere ayırın.

Bu arada soğanı, sarımsağı ve defne yaprağını zeytinyağında 5 dakika kadar kavurun.

Kaburgaları, domuz karnını ve biberi ekleyin. Tavaya yapışmamaları için yaklaşık 5 dakika pişirin.

2 bardak mafsal pişirme sıvısını ekleyin ve kaburgaları ara sıra karıştırarak 20 dakika daha pişirin.

Etin geri kalanını (chorizo, jambon, jambon, eklemler), doğranmış lahanayı, havuçları ve domates sosunu ekleyin.

Yavaşça karıştırın ve yaklaşık 30 dakika pişirin.

Fasulyeleri ekleyin (isteğe bağlı olarak morero ekleyin) ve 10 dakika daha pişirin.

Fasulye veya lahanayı kırmamak için tencereyi yavaşça karıştırın.

Portekiz pirinci ve çıtır ekmekle servis yapın.

Gözlem:

Yemeğin tadı ertesi gün daha da güzel oluyor, o yüzden elinizde biraz kalırsa paniğe kapılmayın.

Ertesi gün güvecin koyulaştığını fark ederseniz, sosu inceltmek için biraz kaynar su veya et suyu ekleyin.

77FEVA BLANCA'DA GEZİ VE DURAK

katlanmış

Genellikle "Tripas à moda do Porto" olarak bilinen Dobrada, Porto şehrinden geliyor. 15. yüzyılda en iyi et parçaları şehrin limanlarından Afrika'da savaşan birliklere gönderilirken, daha düşük kaliteli etler geride kalıyordu. Bunun gibi yemekler bu etin kullanılması için yapılır. O zamandan beri bu bölgesel yemek meşhur oldu ve kasaba halkı tarafından sıklıkla "tripeiros" olarak anılıyor.

Yıllar geçtikçe, kocamın ve oğlumun en sevdiği domuz eti kesimi olan kaburgaları ekleyerek bu aile tarifinde ince ayar yaptım.

Hizmetler 8-10

3 kutu (32 oz) kuzey beyaz fasulyesi

1 kiloluk domuz pirzolası (yarıya kadar 3 veya 4 inç kesilmiş)

1 pound veya daha fazla işkembe

1 kiloluk domuz ayağı (isteğe bağlı)

1 büyük chorizo (¼ inç dilimler halinde kesilmiş)

1 yemek kaşığı tuz

biber

1 büyük soğan (doğranmış)

¼ bardak zeytinyağı

4 diş sarımsak (soyulmuş)

1 defne yaprağı

½ çay kaşığı kimyon

2 havuç (dilimlenmiş)

1 bardak beyaz şarap

1 su bardağı ezilmiş domates

1 ila 2 bardak tavuk suyu

1 çay kaşığı kırmızı biber tozu

Süslemek için maydanoz

hazırlık

Pişirmeden önceki gün:

Mısırları ve domuz ayaklarını yıkayın. İşkembeyi, domuz ayağını ve kaburgaları tuzlayın ve gece boyunca buzdolabında bekletin.

Hazırlanmaya hazır olduğunuzda:

İşkembe ve domuz ayağını kaynar suda en az 1,5 ila 2 saat pişirin.

Pişirildiğinde eti çıkarın ve işkembeyi 1 veya 2 inçlik küçük parçalar halinde ve domuz ayağını 2 inçlik parçalar halinde kesin. Gerekirse daha sonra kullanmak üzere 2 bardak et suyu ayırın ve ayırın.

Zeytinyağını büyük, ağır bir tavada ısıtın. Soğan, sarımsak, havuç, defne yaprağı ve kimyonu ekleyip yaklaşık 5 dakika pişirin.

Kaburgaları ekleyin ve orta ateşte yaklaşık 10 dakika kadar kızartın. Domatesleri, şarabı ve biberleri ekleyip 5 dakika pişirin.

Et suyunu, domuz işkembesini ve ayaklarını, chorizo ve fasulyeyi ekleyin ve sık sık karıştırarak yaklaşık 30 dakika pişirin.

Gerekirse tadın ve daha fazla baharat ekleyin.

Maydanozla süsleyin. Portekiz pirincinin üzerinde çıtır ekmekle servis yapın.

Yorumlar:

Güveçin çok kalın olduğunu düşünüyorsanız, ayrılmış et suyunun bir kısmını eklemeniz gerekebilir.

Buzdolabında saklayın ve ertesi gün servis edilemeyecek kadar koyulaşırsa biraz kaynar su ekleyin.

78PATATESLİ PİŞİRİLMİŞ DOMUZ

Portekiz domuz eti

Bu tarif klasik Carne à Alentejana'dan uyarlanmıştır. İstiridye kullanılmaz, ancak lezzeti de bir o kadar yoğundur. Hizmetler 6-8

2 pound kemiksiz domuz filetosu (2 inç küpler halinde kesilmiş)

2 pound soyulmuş patates (1 inç küpler halinde kesilmiş)

1 küçük doğranmış soğan

2 diş kıyılmış sarımsak

1 çay kaşığı tuz

¼ bardak zeytinyağı

1 defne yaprağı

1 bardak Vinho Verde veya beyaz şarap

1 yemek kaşığı füme kırmızı biber

1 küp tavuk suyu

1 yemek kaşığı mısır nişastası

1 bardak su

2 çay kaşığı piri piri veya acı sos

Domuz eti geniş bir kaseye koyun. Tuz, sarımsak, piri piri, zeytinyağı, defne yaprağı ve ½ bardak şarap ekleyin. İyice karıştırın ve yaklaşık bir saat marine edilmeye bırakın. Zaman izin verirse bir gece bekletin.

Domuz eti pişirmeye hazır olduğunuzda patatesleri altın rengi kahverengi olana kadar kızartın ve bir kenara koyun.

Domuz eti boşaltın ve turşuyu ayırın.

Büyük bir tavayı ısıtın veya ½ bardak zeytinyağıyla yüksek ateşte wok yapın. Soğanları ekleyin ve yaklaşık 1 dakika pişirin, ardından domuz etini ekleyin. (Henüz sıvı eklemeyin). Eti her taraftan kızartın ve yaklaşık 5 dakika pişirin.

İsterseniz et suyu, su, şarap, turşu ve daha fazla acı sos ekleyin. 5 dakika daha pişirin.

Küçük bir kasede yarım su bardağı suyu mısır nişastasıyla birleştirin ve mısır nişastası eriyene kadar karıştırın. Mısır nişastasını domuz etine ekleyin ve koyulaşana kadar 5 dakika pişirin.

Patatesleri domuz etine ekleyin, karıştırın ve yaklaşık 2 dakika pişirin.

İstenirse zeytin, kişniş ve turşu ile süsleyin.

79KURU PORTEKİZ DOMUZ PEYNİRİ

Kavrulmuş Domuz Kaburgaları

Bu kaburgalar sulu ve yumuşak çıkıyor ve et kemikten düşüyor. Sarımsak, kırmızı biber, tuz ve karabiberden oluşan basit baharat, işi basit tutmak için mükemmel bir kombinasyondur. Fırında patates veya pilav ile servis yapın. Hizmetler 6-8

1 domuz pirzolası (3 ila 4 pound)

2 çay kaşığı tuz

2 diş sarımsak (doğranmış)

2 çay kaşığı kırmızı biber tozu

1 çay kaşığı sarımsak tozu

1 çay kaşığı kimyon

1 çay kaşığı karabiber

¼ bardak beyaz şarap

1 yemek kaşığı piri piri veya tabasco sosu (isteğe bağlı)

1 yemek kaşığı zeytinyağı

hazırlık

Şarap dışındaki tüm baharatları küçük bir kaseye koyun ve iyice karıştırın.

Kaburgaları beyaz şarap ve sarımsakla ovalayın ve birkaç dakika dinlenmeye bırakın. Baharat karışımını ovalayın ve en az 2 saat bekletin, ancak en iyisi bir gece buzdolabında marine etmektir.

Kaburgaları pişirmeden 30 dakika önce buzdolabından çıkarıp oda sıcaklığına getirin ve bir fırın tepsisine yerleştirin.

Kaburgaları zeytinyağıyla yağlayın. 325°F'ta 2 saat veya tamamen pişene ve et kemikten ayrılana kadar pişirin.

Gözlem:

Bu yedek kaburgaları açık havada ızgarada da hazırlayabilirsiniz. Orta ateşte, her 5 ila 10 dakikada bir altın rengi oluncaya kadar çevirerek kızartın.

Kaburgaları tek parça halinde keserek deneyin. Bıçak kaburgayı kolayca kesiyorsa olmuş demektir.

80TUTULAN PATATES İLE MUHTELİF DOMUZ SPATULATI

Tatlı Patatesli Kavrulmuş Jambon

Bu domuz omuzu tarifini tembel bir Pazar gününde yapmak kolaydır çünkü onu fırına atarsınız ve kendi kendine pişer. Domuz eti nemli ve lezzetli çıkıyor. Ertesi güne yetecek kadar yemeğiniz var. Ailemin en sevdiği sandviçlerden birini yapmak için domuz etini çatalla parçalayın: çıtır Portekiz ekmeği üzerine çekilmiş domuz sandviçleri.

Hizmetler 10-12

1 (6 ila 8 pound) taze domuz omuzu

2 yemek kaşığı deniz tuzu veya koşer tuzu

1 çay kaşığı taze çekilmiş biber

3 diş sarımsak (doğranmış)

1 büyük soğan (doğranmış)

3 büyük havuç (dörde bölünmüş)

1 defne yaprağı

6 ila 8 patates (doğranmış)

1 yemek kaşığı zeytinyağı

1 çay kaşığı kırmızı biber tozu

1 bardak beyaz şarap

hazırlık

Pişirmeden önce domuz etinin oda sıcaklığına gelmesi için en az 30 dakika bekletin.

Fırını 400 derece F'ye önceden ısıtın.

Omuzu yıkayıp kurulayın. Bir kesme tahtası üzerine yerleştirin ve eti kesmemeye dikkat ederek derisini kesin. Domuz etini tuzla baharatlayın. Derileri yukarı bakacak şekilde yerleştirin ve zeytinyağıyla dolu geniş bir tavaya koyun. Kabuğu çatlayıp kahverengileşene kadar 30 dakika kadar kapağı açık pişirin.

30 dakika sonra ısıyı tekrar 325 dereceye düşürün. Bir kapak veya kalın alüminyum folyo ile örtün ve 2 saat pişmeye bırakın.

2 saat sonra fırından çıkarın ve domuz etini biber, sarımsak ve soğanla tamamlayın. Havuçları domuz etinin etrafına eşit şekilde tavaya ekleyin ve tava damlamalarıyla birlikte atın. Şarabı ekleyin ve karıştırın.

Domuz etinin üzerini kapatın ve 325 derecede 1 saat daha pişirin. 1 saat sonra damlama tavasıyla süzün.

Patatesleri domuz etinin etrafına eşit şekilde ekleyin ve damlamaları karıştırın. Meyve sularının kuruduğunu fark ederseniz biraz daha şarap ekleyin.

Kapağını kapatıp 325 derecede 45 dakika daha pişirin.

Dilimlemeden önce domuz eti 10 dakika dinlendirin.

81PORTEKİZ TARZINDA BIS VE YUMURTA

Portekiz bifteği

Bu klasik biftek yemeğini hemen hemen her Portekiz restoranının menüsünde bulabilirsiniz. Bu yemeği bu kadar leziz yapan şey, kırmızı şarap, sarımsak ve zeytinyağının bir araya gelerek biftek ve yumurtanın üzerine dökülen zengin bir sos oluşturmasıdır. Hizmetler 2

2 (8 oz) sığır filetosu biftek (½ veya 1 inç kalınlığında)

4 diş sarımsak (dilimlenmiş)

tuzlu

biber

2 yumurta

1 yemek kaşığı zeytinyağı

4 ila 6 küçük patates (soyulmuş ve ¼ inç dilimler halinde veya normal kesimler halinde kesilmiş)

Patatesleri kızartmak için sıvı yağ

Şarap azaltımı:

2 yemek kaşığı zeytinyağı

2 yemek kaşığı tereyağı

½ bardak kırmızı şarap

Biftekleri tuz ve karabiberle tatlandırın ve gece boyunca veya en az 1 saat marine etmelerini bekleyin.

Patatesleri kızgın yağda kızartın, süzün, tuzlayın ve fırında sıcak tutun.

Bifteklerin her iki tarafını da 1 yemek kaşığı zeytinyağı ile sıcak bir tavada sarımsakla birlikte 3 dakika pişirin. Tavadan çıkarın ve şarabı azaltmak için malzemeleri ekleyin. Redüksiyonu yarı yarıya azalana kadar pişirin.

Biftekleri redüksiyonla kısık ateşte tavaya geri koyun.

Bu arada, ayrı bir küçük yapışmaz tavada 2 yumurtayı güneşli tarafı yukarı bakacak şekilde pişirin.

Büyük bir servis tabağını fırında ısıtın. Biftekleri tabağın ortasına, ev yapımı patates kızartmasıyla çevrelenecek şekilde yerleştirin. Her filetoya bir yumurta koyun. Tava sosunu biftek ve yumurtaların üzerine dökün. Daha fazla tuz ve karabiber ekleyin. İstenirse maydanozla süsleyin.

Gözlem:

Bu yemek genellikle Portekiz pilavıyla servis edilir.

82BAHARATLI KABOB DANA ŞİŞ

Piri Piri gibi biftek şiş

Bu dana şişlerini bir şefin yapması kolaydır. Tatlı kavrulmuş soğan ve kırmızı biber, piri pirinin baharatlılığını yumuşatır. Mükemmel bir kombinasyon için pilavın üzerinde servis yapın. 4-6 kişi için

2 pound sığır filetosu veya bonfile (kişi başına yaklaşık 6 ila 8 oz)

1 büyük soğan

1 büyük kırmızı veya yeşil biber

1 çay kaşığı tuz

1 çay kaşığı biber

2 diş ezilmiş sarımsak

1 çay kaşığı kırmızı biber tozu

1 ila 2 çay kaşığı piri piri veya acı sos

2 yemek kaşığı zeytinyağı

Tereyağı veya margarin

Şiş

Gözlem:

Kebapları yapmadan önce tahta şişleri 30 dakika suda bekletin.

Fileto ve sebzeleri 5 cm'lik küpler halinde kesin ve tuz, karabiber, sarımsak, 1 yemek kaşığı zeytinyağı ve acı sosla tatlandırın.

Biftek ve sebzeleri dönüşümlü olarak geçirerek şiş yapın. Üzerini kapatıp buzdolabında 1 veya 2 saat marine etmeye bırakın.

Pişirmeye hazır olduğunuzda şişleri buzdolabından çıkarın ve 10 dakika dinlendirin. Kalan zeytinyağıyla boyayın.

Izgarayı orta ateşte önceden ısıtın ve ızgaranıza bağlı olarak şişleri altın rengi kahverengi olana kadar yaklaşık 8 ila 10 dakika pişirin.

Sıcak bir tabağa yerleştirin. Tereyağı sürün ve alüminyum folyo ile kaplayın. 2 ila 3 dakika bekletin.

83CHOURICO OMLET

Chouriço omleti

Basit sosisli omlet çok popüler. Lezzetlidir, yapımı kolaydır ve kahvaltı, hızlı öğle yemeği ve hatta akşam yemeği için mükemmeldir. Izgara chorizo yumurtalara tatlı ve baharatlı kırmızı biber aroması verir. 2-4 kişi için

6 yumurta

½ kiloluk chorizo (dilimlenmiş)

1 küçük soğan (doğranmış)

1 yemek kaşığı maydanoz (doğranmış)

1 yemek kaşığı su

2 yemek kaşığı zeytinyağı

¼ su bardağı rendelenmiş peynir

1 küçük olgun domates

tuzlu

biber

1 küçük domates (doğranmış) (isteğe bağlı)

hazırlık

Büyük bir kapta yumurtaları suyla çırpın, tuz ve karabiberle tatlandırın.

Yağı büyük yapışmaz bir tavada orta ateşte ısıtın. Soğanı ekleyin ve yarı saydam olana kadar kızartın. Chorizo'yu ekleyin ve her iki tarafı da hafifçe kızarana kadar orta ateşte pişirin.

Çırpılmış yumurtaları dikkatlice chorizo'nun üzerine eşit şekilde ekleyin.

Çiğ yumurtaların yanlardan aşağıya sızmasını sağlamak için pişmiş yumurtaları bir spatula ile yanlarından yavaşça gevşetirken yumurtaların pişmesine izin verin. Tortillanın tabanı altın rengi kahverengi olduğunda, tavayı kaplayacak kadar büyük bir tabakla tavayı kapatın.

Tortillayı çiğ tarafı aşağı bakacak şekilde çevirin ve birkaç dakika daha pişirin.

Maydanozla süsleyin, tuz serpin.

Sıcak veya soğuk servis yapın.

Portekiz'in yumurta açısından zengin tatlılara olan sevgisi yüzyıllar önce başladı. Tatlılarda yoğun yumurta kullanımının, Portekiz şarap imalathanelerinin şarapları berraklaştırmak için yumurta aklarını kullanma sürecinden kaynaklandığına inanılıyor. Şarap imalathaneleri bu süreçten arta kalan pek çok yumurta sarısını, toplumdaki yoksullara para toplamak amacıyla tatlılar yapan manastırlara veriyordu.

84KREMALI PORTEKİZ TURTASI

kremalı turtalar

Bu hamur işleri muhtemelen en sevilen ve en popüler tatlılardır. Bu tarifi denedikten ve evde yapmanın ne kadar kolay olduğunu deneyimledikten sonra bir daha asla pastaneden satın almayacaksınız.

Başlamadan önce, ilk kez 200 yıldan fazla bir süre önce yapılan bu ünlü pastanın tarihini sizlerle paylaşmak istiyorum.

Yaygın olarak Pastéis de Belem olarak bilinen Portekiz yumurtalı muhallebi pastilleri dünyanın birçok ülkesinde ünlüdür. Orijinal Pastéis de Belem ilk kez 1837'de Lizbon'un Belem kentindeki Jerónimos Manastırı'nda yapıldı.

Casa Pasteis de Belem, Portekiz'in Lizbon kentindeki Belem şehrinde yer almaktadır. Kentin resmi adı "Santa Maria de Belem" olmakla birlikte "Belem" olarak anılmaktadır. "Belem" ismi Portekizce "Beytüllahim" kelimesinden gelmektedir.

Pek çok fırın, tarifi başarılı olmadan kopyalamaya çalıştı. Aynı derecede ünlü; Kopyalanan versiyonu olan "Pasteis de Nata", Portekiz'deki ve dünyanın birçok ülkesindeki tüm Portekiz fırınlarında orijinalin ünlü bir alternatifi haline geldi.

Pastanenin adı 1911 yılında tescillenmiş olup, ünlü tatlılara bu ismi vermeye yetkili tek firmadır.

Fırın sıcaklığınıza ve pişme sürenize alışmak için bu tarifi birkaç kez denemenizi tavsiye ederim.

Yaklaşık 20 yıl önce

1 kiloluk çözülmüş puf böreği (yerel fırınınız bunu satabilir veya marketinizin dondurucu bölümünde bulabilirsiniz)

2 su bardağı tam yağlı süt (tam yağlı, yağsız veya az yağlı olmalı)

1 su bardağı ve ½ şeker

½ su bardağı un

1 bardak su

2 dilim limon kabuğu rendesi

1 tarçın çubuğu

7 ekstra büyük yumurta sarısı (oda sıcaklığında)

Süslemek için tarçın

hazırlık

Kalıpları ve muffin hamurunu hazırlayın:

Muffin kalıplarını margarinle iyice yağlayın. Kutular alüminyum veya paslanmaz olmalıdır. Yapışmaz kaplamalı fırın kalıplarını kullanmayın. Küçük fırın kalıplarını da kullanabilirsiniz. Milföy hamurunun çözülmesi gerekir ancak çok soğuk olmalıdır. Çok sıcak kullanmayın.

Hamur hamurunuzu kesme tahtası üzerine yerleştirin ve 1/8 inç kalınlığa kadar açın. Muffin kalıplarının tabanına ve yanlarına uyacak çapta daireler kesin.

Hamuru teneke kutularda kabuk haline getirin. Ayrı ayrı kalıplamak yerine yuvarlak şekli kesmenin daha kolay olduğunu düşünüyorum.

Hamurun çok ısındığını fark ederseniz, birkaç dakika buzdolabına koyun ve soğumaya bırakın.

Şeker şurubu hazırlayın:

Küçük bir tencerede su ve şekeri orta ateşte ısıtın ve iyice karıştırın. Şekerli suyu kaynatın ve 3 dakika daha kaynatın. Ateşten alın, soğumaya bırakın.

Kremayı doldurma talimatları:

¾ bardak sütü geniş bir kaseye koyun. Unu ekleyin ve pürüzsüz olana kadar çırpın. Kenara.

Bu arada kalan sütü limon kabuğu rendesi ve tarçın çubuğuyla ısıtın. Süt kaynayınca süt ve un karışımını ekleyip tekrar kaynama noktasına gelinceye kadar iyice çırpmaya devam edin. Kenara.

Süt ve un karışımını buzdolabında 10 dakika kadar tamamen soğumaya bırakın.

Karışım kremsi ve pürüzsüz hale gelinceye kadar çırparken, şeker şurubunu çok ince bir damla süt karışımına ekleyin.

Topakları yakalamak için kremayı ince bir elekten geçirin.

Yumurta sarılarını ince metal bir süzgeçten geçirin. Sarıları soğuk süte ekleyin ve pürüzsüz ve kremsi olana kadar iyice çırpın.

Yumurta karışımını hamurla kaplı tavalara veya ramekinlere yaklaşık ¾ inç kalınlığa gelinceye kadar dökün.

Pişirmek:

Krema köpürene ve altın kahverengi olana kadar 20 ila 25 dakika boyunca 485 derece F'ye önceden ısıtılmış bir fırında pişirin.

Keklerinizi 15 dakika sonra ve birkaç dakikada bir kontrol ederek yanmadıklarından emin olun. Kekleri yaklaşık 10 ila 15 dakika soğumaya bırakın.

İsterseniz servis etmeden önce üzerine tarçın serpin.

Gözlem:

Ramekins keklerinin pişmesi daha uzun sürebilir.

Fırınınıza bağlı olarak muhallebinin rengi yanık olmayabilir, bu nedenle daha uzun süre pişirmeniz gerekebilir.

85PORTEKİZ SÜNGER KUYRUK

Pao de Lo

Bu hafif ve havadar pasta mutfağımızın en meşhur ve en sevilen pastasıdır. Tarifte yağ, tereyağı veya katı yağ kullanılmadığından bu kek neredeyse hiç yağsızdır.

Pasta, birkaç yıl önce Noel'de onlara yemek tarifi kartı ve pişirmeleri için Bundt tavasıyla birlikte ev yapımı verdiğimde büyük bir hit oldu. 1 pasta için - 10-12 kişilik

10 jumbo yumurta (oda sıcaklığında)

1 su bardağı ve ½ şeker

2 su bardağı elenmiş un

¼ çay kaşığı tuz

1 çay kaşığı kabartma tozu

1 çay kaşığı rendelenmiş lezzet (isteğe bağlı)

Gözlem:

Ben ipek Atatürk çiçeği kullandım. Gerçek Atatürk çiçeği kullanmayın, zehirlidirler.

Yumurtalar oda sıcaklığında olmalıdır. Tarifi hazırlamadan önce soğuk yumurtaları bir kase ılık suyun içinde yaklaşık 15 dakika bekletin.

Alüminyum tavalar pişirme için en iyi sonucu verir.

12 fincanlık büyük bir Bundt tavası kullanın.

hazırlık

Yumurtaları geniş bir kapta köpürene kadar çırpın. Şekeri ekleyin ve hamur iyice kalınlaşana kadar en az 20 dakika çırpın. Bu noktada isterseniz limon ekleyin.

Gözlem: Kitchenaid mikseri kullanıyorsanız sert zirveler oluşuncaya kadar sadece 10 dakika çırpın.

Yumurtalar çırpılırken unu, tuzu ve kabartma tozunu küçük bir kaseye eleyin.

Un karışımını her seferinde ¼ bardak kadar çok düşük hızda ekleyin veya bir spatula ile karıştırın. Bu işlem yalnızca 3-5 dakika sürer.

Yaylı büyük bir kalıbı unla yağlayıp tozlayın ve üst kenarını pişirme kağıdıyla kaplayın. Hamuru tavaya dikkatlice dökün, hamurun bitmemesine dikkat edin.

350 derece F'de 45 dakika veya kürdan temiz çıkana kadar pişirin.

Pastayı kalıptan çıkarmadan önce yaklaşık 10 dakika soğumasını bekleyin.

Pişirme kağıdını çıkarıp servis tabağına yerleştirin.

86 TATLI LİMONLU PİRİNÇ

Tatlı pirinç

Tarçın, 1500'lü yılların başında Seylan'da Portekizli tüccarlar tarafından keşfedilmiştir; günümüz Sri Lanka'sı. Bugün baharat, Portekiz'in yumurta açısından zengin birçok tatlısının yanı sıra tuzlu yemeklerinde de kullanılıyor. Bu sütlaç süt, tarçın ve limon kabuğu rendesi ile yapılır.

Hizmetler 8-10

3 su bardağı tam yağlı süt (haşlanmış)

3 yumurta sarısı

1 su bardağı pirinç (tercihen kısa taneli)

2 bardak su

½ çay kaşığı tuz

1 veya 2 dilim limon kabuğu rendesi

1 su bardağı toz şeker

½ çubuk tarçın

Toz tarçın

hazırlık

Büyük, ağır bir tencerede suyu, tarçın çubuğunu, tuzu ve limon kabuğu rendesini kaynatın. Pirinci ekleyin, kaynatın ve orta ateşte tüm su buharlaşana kadar pişirin.

Sıcak sütü ekleyin ve ara sıra karıştırarak en az 25 dakika pişirin.

Şekeri ekleyin, karıştırın ve 5 dakika daha pişirin ve tavayı ocaktan alın.

Bu arada yumurta sarılarını çırpın. Yumurtalara birkaç yemek kaşığı pirinç karışımı ekleyerek yumurtaları yumuşatın ve iyice karıştırın.

Yumurtaları pirince ekleyin ve tavada iyice karıştırın.

Gözlem:

Pirincin kaynamamasına dikkat edin ancak yumurtaları sıcak pirinçte 1 dakika kadar pişirin.

Ateşten alın. Limon kabuğu rendesini ve tarçın çubuğunu çıkarın.

Düz bir kaseye dökün ve tarçın tozuyla süsleyin.

87MELEK HIS MAKARNA TATLI

Aletria

Noel ve özel günlerde servis edilen bu yumurtalı erişte tatlısı, her zaman popüler olan Arroz Doce sütlaç ile aynı temel malzemelerle yapılır. Hizmetler 8-10

7 bardak tam yağlı süt

6 yumurta

1 su bardağı ve ½ şeker

1 çay kaşığı tuz

1 tarçın çubuğu

2 dilim limon kabuğu rendesi

1 paket (12 oz.) çok ince yumurtalı erişte

hazırlık

Süt, şeker, tuz ve tarçın çubuğunu büyük bir tencereye dökün ve sürekli karıştırarak kaynatın.

Bu arada yumurtaları küçük bir kasede çırpın ve ılık sütün bir kısmını yavaş yavaş yumurtalara ekleyip karıştırın. Kenara.

Erişteleri parçalayıp kaynayan süte ekleyin. Erişteler pişene kadar sürekli karıştırarak ocaktan alın.

Yumurtalı karışımı yavaş yavaş pişen erişteye ekleyip karıştırın.

Limon kabuğu rendesini ve tarçın çubuğunu çıkarın.

Karışımı büyük bir kaseye dökün ve tamamen soğumaya bırakın.

Tarçın serpin veya süsleyin ve servis yapın.

88ŞEKERLİ VE TARÇINLI İKİLİ KIZARTMA

oğul

Filhoses, hamurun parçalara ayrılması ve ardından kızgın yağda kızartılmasıyla yapılır. Pek çok ailenin kendi tarifleri vardır ve bu tatlıları yapma geleneklerini her nesilden takip eder. Pastacılık Paskalya, Noel, Yeni Yıl gibi tatillerde ve birçok kutlamada oldukça popülerdir. Yaklaşık 3 düzine önce

9 su bardağı çok amaçlı un

1 bardak şeker

1 ve ½ çay kaşığı tuz

6 yumurta

1 paket margarin (8 yemek kaşığı)

1 çay kaşığı limon veya portakal kabuğu rendesi

2 bardak tam yağlı süt

¼ bardak taze portakal suyu

Kızartmak için yağ (mısır yağı veya bitkisel yağ en iyi sonucu verir)

İlk mayayı yapmak için malzemeler:

3 yemek kaşığı un

½ çay kaşığı şeker

2 paket kuru maya

½ bardak ılık su

hazırlık

İlk adım:

Malzemeleri başlangıç mayasıyla karıştırın ve kabarcıklar oluşuncaya kadar bir kenara koyun.

İkinci adım:

Sütü ve tereyağını bir tencereye koyup kısık ateşte, tereyağı eriyene kadar pişirin.

Büyük bir kapta yumurtaları, tuzu, şekeri, limon kabuğu rendesini ve portakal suyunu birleştirin. Elektrikli mikserle 2 dakika çırpın.

Sütü ve tereyağını ekleyip 30 saniye kadar karıştırın. Maya karışımını ve unu ekleyin ve hamur elastik ve pürüzsüz hale gelinceye kadar iyice yoğurun.

Üzerini örtüp 30 dakika dinlenmeye bırakın. Hamuru yoğurun, üzerini örtün ve ikiye katlanana kadar mayalanmaya bırakın.

Yağı fritözde 375 dereceye kadar ısıtın.

Hamur parçalarını, yaklaşık 3 x 4 inç istenilen boyutta ince şeritler halinde yuvarlayın.

Altın rengine kadar kızartın. Mutfak kağıdına boşaltın. Toz şeker ile toz

* 9 7 8 1 8 3 5 7 9 6 9 0 0 *